ARNFRIED HAUPT

Planetenpolarität im Partnervergleich

Standardwerke der Astrologie

ARNFRIED HAUPT

Planetenpolarität im Partnervergleich

Der Schwerpunkt der Beziehung im Horoskop

CHIRON VERLAG

Für meine Tochter Alina

ISBN 978-3-89997-146-0

Deutsche Erstausgabe

Umschlag: Walter Schneider
Foto © Mauritius, Mittenwald
Die Horoskop-Grafiken wurden mit der Astrologie-Software Sarastro erstellt.

Druck: Finidr, Český Těšín

Zu beziehen durch den Buchhandel oder direkt beim
Chiron Verlag, Postfach 1250, D- 72002 Tübingen

Inhalt

FALLBEISPIELE

Einführung

Die landläufige Auffassung darüber, was eine Partnerschaft ausmacht, zeigt sich sowohl in dem Ausspruch «Gleiches und Gleich gesellt sich gern» als auch in der Redensart «Gegensätze ziehen sich an». Das Anliegen dieses Buches ist es aber nicht, einseitig Beispiele heranzuziehen, die beweisen sollen, dass nur das eine richtig und das andere falsch ist, sondern anhand von Horoskopen zu zeigen, wo in Partnerschaften Gleiches vorherrscht und wo Gegensätzliches. In der Physik wäre der Ausspruch «Gleiches zieht Gleiches an» eindeutig falsch, denn wir wissen, dass sich zwei (männliche) Pluspole abstoßen und zwei (weibliche) Minuspole ebenfalls. In der Psychologie gilt einerseits, dass sich Menschen mit ähnlichen Interessen und Auffassungen gut verstehen können, und andererseits, dass sich Menschen mit zu ähnlichem Wesen und Temperament aus dem Weg gehen. Dies gilt es auseinander zu halten. Männliches und Weibliches zieht sich an, ohne unvereinbar zu sein, weil jeder Mensch auch eine gegengeschlechtliche Komponente in sich trägt.

Faktoren für Ähnlichkeit haben wir dann, wenn zum Beispiel beide Partner eine Venus/Jupiter-Konjunktion haben. Ungleiche Faktoren, die auf komplementäre Ergänzung ausgerichtet sind, haben wir dann, wenn der eine Partner eine Venus/Jupiter-Konjunktion, der andere dagegen eine Mars/Jupiter-Konjunktion hat. Dies ist eine Polarität auf der Planetenebene von Jupiter. Mars und Venus sind eines der vier Paare, die auf der Planetenebene eine Polarität miteinander bilden.

Mit einer kritischen Überprüfung der beliebten Sonnenstandsvergleiche kommt man immer wieder zu den Ergebnis, dass es keine Zeichen-Kombinationen gibt, die für eine Partnerschaft als besonders günstig angesehen werden können, auch wenn dies immer wieder behauptet wird. So wird zum Beispiel häufig angenommen, dass Zwillinge und Löwe gut zusammenpassten, Krebs und Schütze hingegen nicht. Tatsächlich kommen die angeblich ungünstigen Sonnenstands-Kombinationen in der Praxis bei mehrjährigen Partnerschaften etwa ebenso oft vor wie jene, die angeblich gut zusammenpassen. Daran sehen wir, dass solche Annahmen jeder Grundlage entbehren. Sie machen stattdessen die Astrologie zu einer reinen Glaubenssache, wie es die «Gegner» der Astrologie gern sehen. Dass sie es, nüchtern und objektiv betrachtet, dennoch nicht ist, sehen wir, wenn wir uns der Frage zuwenden, woraus denn eine Partnerschaft oder eine Freundschaft besteht. Mit Sicherheit können wir sagen, dass es keine «guten» und «schlechten» astrologischen Anzeichen für eine Beziehung gibt, sondern dass ein paar auffällige und ins Gewicht fallende Faktoren in zwei Geburtshoroskopen vorkommen müssen, damit eine Begegnung nachhaltig sein kann. Grundsätzlich gibt es aber keine schlechten Anzeichen für eine Beziehung, die von vornherein einer positiven Entwicklung im Weg stünden. Fehlen jedoch auffällige und markante Betonungen und besteht ein Mangel an Zwischenaspekten, dann sinkt selbstverständlich die Wahrscheinlichkeit, dass zwei Menschen überhaupt in einen Kontakt zueinander kommen.

Haben wir die Wiederholung einer Planetenkombination als Aspekt des einen Horoskops in dem Horoskop des anderen Partners, ist das ebenso zu berücksichtigen wie eine Gegensätzlichkeit, die zwischen zwei komplementär zueinander stehenden Aspektierungen in den jeweiligen Horoskopen zu finden ist. Damit bewerten wir eine Beziehung nach ihren jeweiligen Schwerpunkten und gehen nicht nach einer Suchschablone vor, nach der die guten Partnerschaften in diesen Topf geworfen werden und die schlechten in jenen Topf. Wir unterscheiden also nicht zwischen «gut» oder «schlecht» gelagerten Partnerschaften im Sinne von Sonnenstandsvergleichen und stellen auch keine Hypothesen über die wahrscheinliche Haltbarkeit von solchen Beziehungen auf, sondern betrachten Themen und Aufgabenbereiche, die zwei Menschen für eine Lebensphase zusammen führen und irgendwann vielleicht auch wieder auseinander führen.

Mit dem Vergleich der Aspektierungen zweier Horoskope erkennen wir, wie die Beziehung in sich gelagert ist.

Vorstellung der Methode

Was ist eine Polarität auf der Planetenebene?

Das Gesetz der Polarität findet nicht nur in der Physik und anderen Naturwissenschaften Anwendung, sondern in allen Lebensbereichen, über die sich der Mensch in seiner irdischen (dreidimensionalen) Welt wahrnimmt. Auch die Planetenpaare Sonne/Mond, Mars/Venus, Jupiter/Saturn und Uranus/Neptun unterstehen in ihrer astrologischen Symbolik der Polarität im Sinne von männlich/weiblich. Genauer gesagt, sie stehen jeweils in polarer Ergänzung zueinander, wie wir später noch sehen werden. Wenn sich die Astrologen einer Terminologie bedienen, nach der alle im Geburtshoroskop eingezeichneten Himmelskörper als «Planeten» bezeichnet werden, heißt dies natürlich nicht, dass die Astrologen nicht wüssten, dass die Sonne ein Fixstern ist und der Mond ein Trabant der Erde. Im engeren Sinne wird ja in der Astrologie nicht zuletzt deshalb die sehr zutreffende Bezeichnung «Himmelslichter» für Sonne und Mond verwendet. Vor allem sie stehen auf klassische Weise in polarer Ergänzung zueinander, was ihre Deutungssymbolik anbelangt.

Wenn wir von den drei Ebenen, die in der astrologischen Deutungstechnik grundlegend voneinander unterschieden werden, sprechen – von der Planetenebene, der Zeichenebene und der Häuserebene –, dann sind Sonne und Mond der Planetenebene zugeordnet.

Auf dieser Planetenebene unterstehen sowohl die beiden Himmelslichter Sonne und Mond als auch drei Planetenpaare unseres Sonnensystems dem männlich/weiblichen Polaritäts-Prinzip und bilden Gegensatzpaare. Diese astrologische Einteilung leitet sich nicht von der physikalischen Beschaffenheit der Gestirne ab, sondern ist durch ihre Verbindung zur Planeten-Mythologie der Hochkulturen vom Altertum bis zur Gegenwart entstanden. So spielten die griechischen Götter *Uranos* (als Vater des Zeus) und *Poseidon* (der Meeresgott Neptun bei den Römern, der heute noch Fluten und Meeresbeben anzeigt) schon Jahrtausende vor der astronomischen Entdeckung von Uranus und Neptun im Bewusstsein der Menschen eine Rolle.

1.
Sonne (männlich) und Mond (weiblich) entsprechen sich polar auf der wesenhaften Ich-Ebene.

Über Sonne und Mond und über die von ihnen beherrschten Zeichen Löwe und Krebs drückt sich das Wesen unserer Seele ganz persönlich und unmittelbar aus. Über das Häusersystem unseres Geburtshoroskops zeigt sich, wie wir sie im 4. (Mond-) Haus und im 5. (Sonne-) Haus konditionieren.

Diese beiden Häuser, vor allem aber das 4. Haus, geben Hinweise darauf, welchen prägenden Einfluss die Herkunftsfamilie – vor allem die Eltern – auf unser Verhalten dem eigenen Geschlecht gegenüber ausgeübt hat und noch ausüben.

Für die eigene Geschlechtszugehörigkeit bleibt das Verhältnis eines Jungen zum Vater über das 5. Haus (Sonne) und das eines Mädchens zur Mutter über das 4. Haus (Mond) später von Bedeutung.

Sonne und Mond sind ansonsten keine primär erotischen Prinzipien. Dagegen kommt das Verhältnis zwischen dem Erwachsenen-Ich und dem Kind-Ich im Menschen, das über die Geschlechtszugehörigkeit hinausführt, zum Ausdruck.

2.
Mars (männlich) und Venus (weiblich) entsprechen sich polar auf der Begegnungsebene zwischen dem Ich und dem Du.

Über Mars und Venus und über die von ihnen beherrschten Zeichen (Widder und Waage) drücken sich unsere Durchsetzungskraft, unser Harmoniebedürfnis und unsere Kontaktbereitschaft aus. In diesen Bereichen spielen Sexualität und Erotik eine direkte und aus dem unmittelbaren Bedürfnis heraus empfundene Rolle. In dem von Venus außerdem beherrschten Zeichen Stier und dem von Mars mitbeherrschten Zeichen Skorpion drückt sich das Wechselspiel zwischen Geben und Nehmen über den eigenen Besitz (2. Haus) und den gemeinsamen Besitz (8. Haus) aus.

Über das Häusersystem unseres Geburtshoroskops zeigt sich, wie wir unsere Mars- und Venus-Anlagen einerseits im 1. und im 2. Haus, andererseits im 7. und im 8. Haus konditionieren. Die Achse Aszendent- Deszendent, an der das 12. mit dem 1. und das 6. mit dem 7. Haus zusammentrifft, spielt dabei die Hauptrolle zwischen dem Ich und dem Du.

Auf der Häuserebene haben Mars und Venus ebenfalls eine wichtige polare Funktion. Das am Aszendenten beginnende 1. Haus hat Widder-Qualität und das am Deszendenten beginnende 7. Haus hat Waage-Qualität. Auf der Achse zwischen dem Aszendenten und dem Deszendenten liegen unsere Kontaktmöglichkeiten. Planeten im 1. Haus, insbesondere jene in Konjunktion mit dem Aszendenten, lassen sich marshaft als «gesunder Egoismus» konditionieren und zeigen an, wie wir uns im Leben einbringen. Planeten im 7. Haus, insbesondere jene in Konjunktion mit dem Deszendenten, zeigen an, welcher Art unsere Kontakte sind und wie unsere Begegnungen, vor allem die mit dem anderen Geschlecht, ausfallen. Hat zum Beispiel der eine Partner Uranus im 1. Haus, der andere Partner

Uranus im 7. Haus, so ist das eine indirekte Planeten-Entsprechung zwischen Mars und Venus. Dieses Beispiel ist so ähnlich zu werten, wie wenn ein Partner Uranus in Konjunktion mit seinem Mars hat und der andere Uranus in Konjunktion mit seiner Venus, mit dem Unterschied, dass die Polarität auf der Planetenebene – für sich betrachtet – nicht die einzelnen Betätigungsfelder (Häuser) berücksichtigt. Für eine bessere Übersichtlichkeit richten wir unsere Aufmerksamkeit in erster Linie auf die Planetenebene.

Die Achse zwischen dem 2. Haus und dem 8. Haus steht auch unter einer Mars/Venus-Polarität. Da sie aber keine Eckpunkte berührt, wirken sich auf ihr liegende Planeten nicht so stark nach außen aus. Der Betreffende tritt in seiner Persönlichkeit durch die Betonungen auf der Hauptachse Aszendent/Deszendent in Bezug auf seine Mars/Venus-Qualitäten in Erscheinung.

3.

Jupiter (männlich) und Saturn (weiblich) entsprechen sich polar auf der Gesellschaftsebene, auf der es um Lebenseinstellungen und Normen geht.

Über Jupiter und Saturn und die von ihnen beherrschten Zeichen Schütze und Steinbock (in geringerem Maße auch Fische und Wassermann, wo sie als alte Herrscher mit hineinwirken) drücken sich unsere philosophischen Qualitäten und unsere Position, die wir in der bestehenden Gesellschaftsordnung als angemessen empfinden, aus.

In unserem Geburtshoroskop zeigt sich vor allem im 9. und im 10. Haus (teilweise auch im 11. und im 12. Haus), wie wir unsere Jupiter/Saturn-Anlage konditionieren. Die Hauptrolle spielt dabei die Himmelsmitte (MC), an der das 9. und das 10. Haus zusammentreffen. Dort ist das Lebensziel und alles, wohin wir im begrenzten Rahmen unserer raum-zeitlichen Welt streben, angezeigt.

Sexualität und Erotik dienen innerhalb dieses Rahmens dazu, einer bestimmten Weltanschauung Ausdruck zu verleihen, oder dazu, die gesellschaftliche Position in der Öffentlichkeit zu demonstrieren.[1]

4.
Uranus (männlich) und Neptun (weiblich) entsprechen sich polar auf der höheren Bewusstseinsebene von Intuition und Allverbundenheit («Alles ist eins»).

Über Uranus und Neptun und die von ihnen beherrschten Zeichen Wassermann und Fische (in geringem Maße auch Steinbock und Schütze, wo sie Nebenherrscher sind) drücken sich unsere ideellen (Uranus) und freiheitlichen (Uranus) Motive einerseits und unsere transzendentalen (Neptun) Fähigkeiten sowie unsere Neigungen, Hintergründiges (Neptun) zu durchschauen, andererseits aus.

Im 11. und 12. Haus unseres Geburtshoroskops (in geringerem Maße im 9. und 10. Haus) zeigt sich, wie wir Uranus- und Neptun-Qualitäten konditionieren. Eine wichtige Rolle spielt dabei der Aszendent als Berührungspunkt zwischen dem 12. (neptunischen) und dem 1. Haus, da vorgeburtliche Ereignisse und unsichtbar Vorausgehendes die Persönlichkeit mitprägen.

In Bezug auf Sexualität und Erotik haben wir hier einen polaren Gegensatz einerseits dadurch, dass Uranus die Neigung zu Wechselspielen zwischen Nähe und Distanz ausdrückt, und andererseits dadurch, dass Neptun die Neigung zu gelegentlicher Zurückgezogenheit bei zugleich sehnsüchtiger Allverbundenheit mit dem Partner zeigt. Das Wechselspiel zwischen Nähe und Distanz ist Neptun aber wesensfremd. In beiden Fällen vertragen die Partner kein ständiges Zusammensein, das sich aus einer pragmatischen Zweckgebundenheit heraus ergeben würde. Diese Abneigung gegen zu viel Routine und zu viel Gewohntes geschieht aber aus jeweils verschieden gelagerten Motiven heraus. Bei Neptun ist es die Sehnsucht nach dem Unerreichbaren. Ist Neptun am Ziel seiner Wünsche angekommen, ist er so ernüchtert, dass er fluchtartig den Ort des Geschehens verlässt.

Uranus und Neptun wirken nicht direkt als komplementäre Ergänzung in der persönlichen Liebe, sondern bewirken einen indirekten oder gar ungewollten Zusammenhalt, der teils als geistige Anregung, teils als Störung der alltäglichen Ordnung empfunden wird. Auf einer höheren geistigen Ebene ergänzt man sich aber über sie. Deshalb kann diese geistige Polarität für künstlerische und erfinderische Menschen sehr fruchtbar sein.[2]

Merkur und Pluto finden sich in keinem Gegensatzpaar mit einem anderen Planeten.

Merkur ist ein geschlechtsneutraler Planet und wirkt in erotisch-sexueller Weise nur im Zusammenspiel mit anderen Planeten, die eine erotische Eigenwirkung haben. Er hat als sonnennaher Planet auf der Ich-Ebene von Sonne und Mond eine ausgleichende und vermittelnde Funktion. Eher geschlechtsneutral wirken auch die von ihm beherrschten Zeichen Zwillinge (schwach männlich) und Jungfrau (schwach weiblich). Über das 3. und 6. Haus konditionieren wir unsere Merkur-Eigenschaften ebenfalls auf eine eher geschlechtsneutrale Art der Anschaffung von Schulwissen und Werkzeugen und der Alltagsbewältigung. Hier kann die Sexualität eine verbalerotische und zweckorientierte Rolle spielen. Man weiß über verschiedene Sexualpraktiken Bescheid, kennt aber nicht das dazu passende Gefühl. So kann Merkur als der alte «Gott der Händler und der Diebe» sexuelle Botschaften für die Konsumwerbung oder solche mit pornografischem Inhalt transportieren, ohne wirklich berührt zu sein. Er bleibt gern an der Oberfläche der Verbalerotik und des Voyeurismus. Merkur hilft uns auch dabei, dass wir nicht alle sexuellen Wünsche in die Tat umsetzen müssen. Es reicht uns manchmal, einen Roman mit erotischem Inhalt als Ersatz für eigene sexuelle Wünsche zu lesen. Ein großer Teil unseres Kulturbetriebes profitiert von den verbalerotischen Botschaften, die unseren Merkur ansprechen.

Pluto hingegen ist grundsätzlich eine unterschwellig sexuell wirkende Komponente im Horoskop. Das von ihm beherrschte Zeichen Skorpion (teilweise auch das Mars-Zeichen Widder, in dem Pluto Nebenherrscher ist) und alle darin stehenden Planeten sind erotisch eingefärbt und dies meist auf eine subtile und zugleich massive Weise, die uns nur wenig bewusst ist. Auf dem Betätigungsfeld des 8. Hauses – weniger auf dem des 1. Hauses – können wir uns als erotisch-sexuelle Wesen über unsere Erbmasse, die Gene, nach unserer jeweiligen Erbgesundheit entfalten und unser Überleben als Sippe sichern. Die am stärksten sexuell wirksame Planetenkombination von Pluto ist die mit Venus. Das gilt sowohl für einen Aspekt im Geburtshoroskop als auch bei der Synastrie von zwei Horoskopen. Zumindest auf der Häuserachse vom 2. Haus (das dem Zeichen Stier entspricht) zum 8. Haus (das dem Zeichen Skorpion entspricht) gibt es eine indirekte Polarität zwischen den beiden Planeten. Vom System der Gegensatzpaare her gesehen ist Pluto aber ein Einzelgänger.

Pluto passt sich im Gegensatz zum neutralen Merkur nicht an, sondern ist in jeder Hinsicht bestimmend und durchschlagend. Pluto ist auch aus astronomischer Sicht ein Außenseiter im Sonnensystem und kaum größer als Merkur. Da seine Laufbahn elliptisch ist, befindet er sich manchmal innerhalb der Neptun-Laufbahn. Es gibt eine astronomische Theorie, die besagt, dass er ein ausgebrochener Neptun-Mond sei, der in eine eigene Sonnen-Laufbahn geraten ist. Pluto «eiert» mit seinem Nachbarplaneten Charon um einen gemeinsamen Drehpunkt. Damit können wir uns eine Eselsbrücke bauen: Er bringt uns durch sein Eiern aus der Fassung, er wirft uns aus der Bahn, wenn er zum Beispiel im Transit über einen unserer persönlichen Planeten geht.

Die vier Ebenen der Gegensatzpaare:

Männlich	→	**Weiblich**	**Ebene**
Sonne	→	Mond	Ich-Ebene
Mars	→	Venus	Kontakt-Ebene
Jupiter	→	Saturn	Gesellschaftsebene
Uranus	→	Neptun	Bewusstseinsebene

Die Anwendung des Herrschersystems erleichtert den Einstieg in die Partnerschaftsastrologie.

Übersicht über die Herrscher und die Zeichen, die sie als Hauptherrscher und ggf. als Nebenherrscher (in Klammern) beherrschen.

Herrscher		**Zeichen**
Sonne	m	Löwe
Mond	w	Krebs
Merkur	neutral	Zwillinge und Jungfrau
Venus	w	Stier und Waage
Mars	m	Widder (Skorpion)
- - - - - - - -	- - - - - - - -	- - - - - - - - - - - - - - - -
Jupiter	m	Schütze (Fische)
Saturn	w	Steinbock (Wassermann)
Uranus	m	Wassermann (Steinbock)
Neptun	w	Fische (Schütze)
Pluto	??	Skorpion (Widder)

Diese Aufstellung soll deutlich machen, dass sich jeweils zwei von vier Zeichen nach wie vor einen Herrscherplaneten teilen müssen und dass die Integration der drei zuletzt entdeckten

Planeten ins Herrschersystem dazu geführt hat, dass die antiken Planeten Mars, Jupiter und Saturn in drei Zeichen zu Nebenherrschern geworden sind. Es ist zu erwarten, dass in nicht allzu ferner Zukunft zwei weitere sonnenferne Planeten zu Herrschern in einem der bis heute allein von Merkur und Venus beherrschten Zeichen werden. In der Reihenfolge wechseln sich überwiegend männliche (m) und weibliche (w) Planeten ab. Die gestrichelte Linie zeigt an, dass dort ein Planet mit überwiegend weiblicher Symbolik fehlt. An seiner Stelle haben wir den Planetoidengürtel. Der Sonnenabstand der Planeten von der Erde bis zum Uranus verdoppelt sich mit zunehmender Sonnenferne im selben Verhältnis zueinander. Der Abstand zwischen Mars und Jupiter ist demnach auffallend groß. Mit dem dazwischenliegenden Planetoidengürtel als Ersatz für einen Planeten, der sich einst in Trümmer aufgelöst hat, stimmt das Verhältnis der Abstände wieder.

Pluto, nur etwa so groß wie Merkur, ist mit einer sehr elliptischen Laufbahn, die sich mit der Neptun-Laufbahn überschneidet, in gewisser Weise ein Fremdling. Dennoch hat er seinen festen Platz im Herrschersystem gefunden. Das letzte Wort ist aber über ihn noch nicht gesprochen worden (siehe auch Planeten-Übersicht).

Planeteneigenschaften – eine Kurzübersicht

Bei allen schematischen Aufstellungen gilt es zu bedenken, dass es den Saturn-Typ oder den Mars-Typ in seiner reinen Form ebenso wenig gibt wie den Steinbock-Typ oder Widder-Typ. Jeder Mensch ist eine Mischung aus mehreren Prinzipien, und mit jeder groben Einteilung nach Typen verzerren wir den Menschen in seiner Vielschichtigkeit und Transparenz.

Wir würden einem Menschen nicht gerecht werden, wenn wir ihn als Mars-Typ bezeichneten, obwohl er zugleich eine starke Mond-Betonung hat. Ob wir ihn nun in die Schublade des Planetenprinzips Mars oder des Mars-Zeichens Widder stecken, macht keinen großen Unterschied. Auch bei einer Auswertung der Planeten-Betonungen über das Herrschersystem bleibt die Gefahr des Karikierens und der schlaglichtartigen Verzerrung bestehen. Wir fangen erst dann an, dem Menschen in seiner Eigenart ein Stück gerechter zu werden, wenn wir beispielsweise sagen: Er hat eine starke Mars-Betonung und zugleich eine Neptun-Betonung, und außerdem mischt Saturn stark mit. Wir sprechen dann besser von einem Mars/Neptun/Saturn-Typen. Damit ist aber noch nicht gesagt, in welchen Lebensbereichen sich diese kosmischen Betonungen über die Häuser auf der praktischen Ebene des Lebens ausdrücken. Da wir aber eine grobe Zuordnung fürs Erste brauchen, verwenden wir eine Einteilung in die vier Elemente Erde, Feuer, Luft und Wasser und die Temperamente melancholisch, cholerisch, sanguinisch und phlegmatisch. Eine direkte Gleichsetzung von

Element und Temperament ist für die Erklärung der Planeten-Zuordnungen in Bezug auf das entsprechende Zeichen aber nicht immer hundertprozentig treffend. Eine Ausnahme bildet Neptun. Man kann ihn vollständig dem Element Wasser zuordnen. Bei der Venus wäre es zum Beispiel nicht möglich, sie als ausschließlich luftigen Planeten einzustufen, da sie nicht nur der Waage (Luft), sondern auch dem Stier (Erde) zugeordnet ist. Eine eindeutigere Zuordnung erhalten wir über die Zeichen, von denen jeweils drei immer einem der vier Elemente zugeordnet sind. Diese entsprechen nach alter Tradition auch den vier Temperamenten. Man kann sich allerdings darüber streiten, ob Wasser immer phlegmatischer als Erde ist. Beim Skorpion haben wir eben kein so stark ausgeprägtes Wasser-Temperament wie bei den Fischen. Und bei den Erdzeichen, die dem Melancholischen zugeordnet sind, könnte man den Stier oft als phlegmatisch einordnen. Er erscheint uns nicht so melancholisch, wie wir es vom Steinbock her eher gewohnt sind.

Um die richtige *Planetenmischung* eines Menschen zu erhalten, stellen wir uns vor, wir würden eine Suppe zubereiten. Dafür brauchen wir Salz. Wir setzen das Salz mit Saturn gleich und den Zucker mit Jupiter. Um zu prüfen, ob es sich wirklich um Salz und nicht um Zucker handelt, lecken wir mit der Zunge daran. Beide sind weiß. Im Geschmack unterscheiden sie sich aber beträchtlich voneinander. So wie das Salz in der Suppe durch Wasser und andere Bestandteile verdünnt enthalten ist, lässt sich Saturn im Horoskop eines saturnbetonten Menschen verstehen. Trotz aller Verdünnung spielt Saturn eine wichtige Rolle im Charakter dieses Menschen. Somit können wir zum Beispiel sagen, dass Saturn in einem Horoskop mehr wiegt als Mars, der in einer Speise vielleicht etwas Feuriges wie den Pfeffer darstellt. Ein Beispiel dafür wäre jemand mit einer Steinbock-Sonne oder vielen Planeten im 10. Haus und einem Quadrat zwischen Saturn und Mars. Hat der Betreffende keine persönliche Betonung im Mars-Zeichen Widder oder im 1. Haus (Mars-Haus), wiegt Saturn schwerer als Mars. Ein unaspektierter Mars würde in diesem Fall noch weniger wiegen. Es könnte sogar die Gefahr bestehen, dass er nur Schattenqualität erhielte und sich nur in der Projektion ausdrücken würde. In einem solchen Fall wäre der Horoskopeigner versucht, andere für ihren gesunden Egoismus und ihre Durchsetzungskraft zu kritisieren. Er würde alles, was mit Mars zu tun hat, als «egozentrisch» oder «rücksichtslos» abwerten.

Ein anderes Beispiel wäre jemand mit einer unübersehbaren Jupiter-Betonung. Nehmen wir an, er hat die Sonne im Schützen und dazu ein Saturn-Quadrat in der Jungfrau. Im Fall unserer Suppe könnten wir die Bohnen als seine Haupt-Betonung betrachten, wenn es sich um eine Bohnensuppe handelte. Wir könnten sie mit Jupiter im Horoskop eines jovialen, schützebetonten Menschen gleichsetzen. Wir hätten dann einen vordergründig großzügigen oder gar großspurigen Menschen, der sich wegen der zusätzlichen Saturn-Betonung aber stark abbremst oder – genau umgekehrt – gar nicht einschränkt, wenn Jupiter vorübergehend durchbricht. Die Bohnen in seiner Suppe sind zwar dick, aber es sind zu wenige, um davon richtig satt zu werden. Dieser Mensch schöpft nicht so viele Möglichkeiten aus wie jemand, dessen expansive Schütze-Sonne nicht von Saturn, Jupiters Gegenspieler, eingeengt wird. Wenn wir diesen abgebremsten Feuertyp kennen lernen, merken wir, dass seine Großzügigkeit und seine Begeisterung vielleicht von Bedingungen abhängen, mit denen wir zuerst nicht rechnen.

Um einem Menschen halbwegs gerecht zu werden, benötigen wir meist drei, mindestens aber zwei Grundstoffe (Prinzipien). Auf die Mischung kommt es an. Wie die Mischung und Gewichtung der folgenden zehn Prinzipien in einem Geburtshoroskop dann ausfällt, hängt von der Deutungskunst des Astrologen ab. Natürlich ist jeder Mensch eine Mischung dieser zehn Prinzipien oder Grundstoffe, aber sie fallen niemals alle gleich stark ins Gewicht. Anders ausgedrückt heißt dies, dass keinem Menschen alle zehn voll zur Verfügung stehen. Wir sollten aber bestrebt sein, alle Anlagen in unserem Horoskop zu verwirklichen – aber da, wo wir stark sind, können wir mehr erreichen, als dort, wo wir schwach sind. Andererseits sollte sich unser Augenmerk auch auf die Schwachstellen richten. An ihnen sehen wir, mit welchen Schattenqualitäten wir uns einen Partner «einhandeln». Dieser drückt dann meist Betonungen unseres eigenen Horoskops aus, die wir an uns nicht wahrnehmen können oder nicht wahrnehmen wollen. In der Partnerschafts-Astrologie kommt es also auch darauf an, das zu sehen, was fehlt oder was schwach ausgeprägt ist. Meistens kompensiert der Partner diese Schwachstellen.

Sonne (5. Haus) – «Ich bin»

Das aktive Wirken aus dem Herzen, aus dem Gefühl heraus. Die eigene Mitte. Die (er)zeugende Sexualität als Teil der Vitalität im Gegensatz zur Triebbefriedigung und instinktiven Durchsetzung von Mars. Das Schöpferisch-Erotische in der Selbstdarstellung, das Beständige in der Formgestaltung, das Bewahren der Haltung, die gefasste Haltung, das Pädagogische, die Freude an eigenen Kindern. Eine Sonne-(Löwe)Betonung oder eine Planetenballung im 5. Haus ist gut für die Vaterschaft. Für Frauen mit einer solchen Betonung ist ein Leben mit schöpferischer Gestaltung wichtig. Künstlerinnen gehören in diese Gruppe. Ein Schattendasein am Rande der Gesellschaft wäre für sie das Schlimmste. Früher haben solche Frauen oft versucht, durch ihren Mann zu glänzen. Heute zählen eigene Werke mehr. In der Transaktionsanalyse ist die Sonne das Erwachsenen-Ich. In der Psychosomatik und der Zuordnung der Körperteile entspricht der Sonne das Herz.

Das Deutsche bildet mit dem weiblichen Artikel zu Sonne eine Ausnahme in den europäischen Sprachen: Überall sonst ist die Sonne männlich.

Mond (4. Haus) – «Ich empfinde»

Das reaktive Wirken aus dem Gefühl heraus. Die Beeindruckbarkeit in der Kontaktaufnahme. Das Kindlich-Mütterliche, die Abhängigkeit von Launen. Der Familiensinn und die Heimatliebe aus der Kindheitserinnerung. Der starke Bezug zum Lokalkolorit und zum Dialekt der Region, in der man aufgewachsen ist. Das Mütterliche in der weiblichen Erotik. Das Häusliche und Gemütliche bei der Mond-(Krebs)Betonung und bei Betonung des 4. Hauses der Frau. Das Bedürfnis nach Geborgenheit in der Liebe im Gegensatz zur frechen Zurschaustellung der erotischen Reize bei der Venus. Die starke Mutterbindung bei Männern mit Mond-(Krebs)Betonung. Die Schutzhaltung des von wechselhaften Gefühlen bestimmten Mannes, der sich eine raue Macho-Schale zulegt. Die Vorliebe für weiche Klänge in der Musik. Das Kind-Ich in der Transaktionsanalyse. Der Marienkult bei den Katholiken. Die Liebe zur Sprache des Geburtslandes bei Auswanderern und im Exil Lebenden. Der mond- und krebsbetonte Mensch mag es, wenn sein ausländischer Partner seine Heimatsprache und seine heimischen Essgewohnheiten übernimmt. In der Psychosomatik und der Zuordnung der Körperteile entspricht dem Mond der Magen. Als sekundärgeschlechtlicher und funktioneller Körperteil der Frau auch der Busen (für die erotische Signalwirkung aufs andere Geschlecht ist die Venus zuständig).

Das Deutsche stellt mit dem männlichen Artikel zu Mond eine Ausnahme dar, denn in den anderen europäischen Sprachen ist der Mond sowohl sprachlich als auch von seiner Symbolik her weiblich. *La Luna* ist überall eine weibliche Gottheit. Andererseits ist auch im Deutschen «die» Nation weiblich. Da passt es wieder, weil das Volk in der Mundanastrologie dem Mond zugeordnet ist. Von *luna* (lateinisch für

«Mond») leitet sich das Wort *Laune* ab. Launen als direktes Erscheinungsmerkmal unserer reflexhaften Empfindungen haben im Sprachgebrauch einen negativen Beigeschmack. Man spricht häufiger von einer schlechten als von einer guten Laune. Dies zeigt aber nur, wie schwer sich unsere Kultur tut, den Mond der Sonne gegenüber als gleichwertig darzustellen.

Merkur (3./6. Haus) – «Ich drücke mich aus»

Die Information. Das Schulwissen. Das Geschlechtsneutrale oder die Verbalerotik (Zwillinge).

Aus dem Intellekt (Zwillinge) oder aus dem praktischen Nutzen (Jungfrau) heraus handeln. Zweckbeziehungen, die den Anforderungen des Alltags (Jungfrau) angepasst sind. Das Vermittelnde und die Dienstleistung. Die Perfektion und die Ordnungsliebe (Jungfrau). Das Verkehrswesen und der Transport, in der alten Astrologie: Kurzreisen (Zwillinge). In der Psychosomatik: die Lunge als Atmungsorgan (Zwillinge) und die Gedärme als Verdauungsorgane (Jungfrau). Von den nach außen gerichteten Körperteilen: Die Gliedmaßen und die Schulterblätter (Zwillinge).

Venus (2./7. Haus) – «Ich zeige mich»

Echte Erotik im Gegensatz zur bloßen Verbalerotik des Merkur. Die Gefälligkeit und das Diplomatische (Waage). Das eigene Revier durch Besitz oder Geld (Stier) abstecken. Die Vertretung der Eigeninteressen im Gegensatz zur Vertretung der Interessen von Hilfsbedürftigen bei Neptun. Das Bedürfnis, attraktiv zu sein, um die Kontaktchancen, insbesondere beim anderen Geschlecht, zu erhöhen (Waage) oder das Selbstwertgefühl (Stier) zu steigern. Das Treffen einer Auswahl von geistigen Werten (Waage) und Wertgegenständen (Stier). Die Synthese zwischen dem Schönen und dem Guten im Menschen. In der griechischen Mythologie: Aphrodite. In der Psychosomatik im Hinblick auf die Körperfunktion: die Nieren (Waage), das Becken (Waage) und der Hals oder Rachen (Stier). In Bezug auf die erotische Signalwirkung: der Busen (für die Funktion: der Mond). Der Waage entsprechen paarweise angeordnete Organe, dem Stier Einzelorgane.

Mars (1. Haus) – «Ich stoße durch»

Das Körperlich-Männliche. Die instinktive Durchsetzung eigener Interessen. Das Eindringen des Penis in die Vagina. Das Vorwärtsdrängen und der Wille zu siegen in verschiedenen Lebensbereichen, z.B. im Sport und im Militär. In der Psychosomatik: die Muskeln, als Organ die Galle, in der allgemeinen Zuordnung der Körperteile: der Kopf («mit dem Kopf durch die Wand!»). Kann sich die Mars-Energie nicht auf gesunde Weise äußern, kommt es zu Depressionen. In der griechischen Mythologie ist Mars der Kriegsgott Ares.

Jupiter (9. Haus) – «Ich bin der Größte»

Die Horizonterweiterung durch eigenes individuelles Denken im Gegensatz zum kollektiv vorgegebenen Schulwissen der Zwillinge. In der klassischen Astrologie: große Reisen. Das geistige Lernen und Lehren im Gegensatz zum intellektuellen Lernen und Lehren der Zwillinge. Die Fähigkeit zur Gesamtschau des 9. (Schütze-) Hauses. Sie steht der Fähigkeit der linearen Gedankenreihung des 3. (Zwillings-) Hauses gegenüber. Der Gott Zeus in der griechischen Mythologie. Die Fülle (z. B. im Körpergewicht bei Genussessern). Bei Frauen: der Widerspruch zwischen dem Bedürfnis, durch die «schlanke Linie» andere im großen Stil zu beeindrucken, und der Lust auf das «große Fressen».

In der Psychosomatik: das Blut. In der Zuordnung der Körperteile: die Leber. Bei Menschen mit verkehrter Weltanschauung (Jupiter-Defizit) und starkem Alkoholkonsum: die Fettleber. Bei Diabetikern: Insulin zur Regulierung der Kohlehydrat-Aufnahme für die Blutzucker-Bildung.

Saturn (10. Haus) – «Ich halte durch»

Das zielgerichtete Streben mit Ausdauer und Kraftreserven. Die innere Reife in Ergänzung zum geistigen Wachstum von Jupiter. Der Bergkristall, der sich im Laufe von Jahrmillionen herauskristallisiert.

Der Leistungsanspruch durch Individuation. Die persönliche Durchsetzung in der Gesellschaft und die eigene Bewertung durch sie. Das Eltern-Ich in der Transaktionsanalyse. In der Psychosomatik: der Knochenbau. In der Zuordnung der Körperteile: das Knie, als äußere Begrenzung des menschlichen Körpers auch die Haut. Der Gott Chronos in der griechischen Mythologie.

In einer Zeit, in der alle Maßstäbe und Richtlinien menschlichen Zusammenlebens in ihre Grundfesten erschüttert worden sind, kann nur mit dem Herrscher des kardinalen Zeichens Steinbock ein geordneter Wiederaufbau einsetzen. Saturn als ebenbürtiger Gegenspieler zu Jupiter steht für das Understatement, für die eigene Unterbewertung. Menschen mit einer Saturn-Betonung sind oft mehr wert, als sie vorgeben, weshalb ihnen Anerkennung gut tut.

Uranus (11. Haus) – «Ich stelle Ideen über Gefühle»

Uranus stellt überpersönliche Forderungen an das Verhalten der Menschen untereinander. Humanitäre Ideale wie Gleichberechtigung und Freundschaften zwischen Gleichgesinnten sind hier zu finden. In der Psychosomatik: das Nervensystem. In der Zuordnung der Körperteile: die Waden (das Sprunghafte). In der griechischen Mythologie: der Gott Uranos.

In der Politik unterstehen Uranus die Gipfelkonferenzen hochrangiger Staatsdiener, die hochfliegende Ideen untereinander austauschen, die sich in der Praxis aber nicht so ideal und menschenfreundlich umsetzen lassen wie in der Theorie. Die freiheitlichen Ideen müssen von Saturn, dem Nebenherrscher des Zeichens Wassermann, auf dem Weg über die Ämter und rechtsstaatlichen Einrichtungen überprüft werden. Die Gleichstellung homosexueller Paare beispielsweise muss z.B. auf der praktischen Ebene durch Standesbeamte und Priester erfolgen. Jene sind meist in eine hierarchische Struktur eingebunden, wodurch solche Uranus-Reformen und ähnliche andere Reformen in der Praxis «abgefälscht» werden wie ein Fußball, der nicht auf direktem Weg ins Tor fliegt.

Neptun (12. Haus) – «Ich entziehe mich»

Neptun (Fische) ist wie das Wasser, das überall hinkommt, wenn es nur lange genug regnet. Was im Hochwasser schwimmt, kann überall hingetragen werden und überwindet gelegentlich alle pragmatischen Systeme des trockenen Jungfrau-Merkurs auf der anderen Seite im Tierkreis. Im Chaos liegt auch die Erholung vor zu vielen Gedankensplittern des Zwillinge-Merkurs. Dem Rationalismus des 3. und 6. Hauses stehen die Fantasie des 12. und die

Fähigkeit zur Gesamtschau des 9. Hauses gegenüber. Neptun untersteht das 12. (Fische-) Haus, und er ist Nebenherrscher im 9. (Schütze-) Haus. Im Wasser der Fische werden so manche uranischen Blitze gelöscht, bevor sie einen Brandherd entfachen. Dies entspricht der Uranus-Transitstellung in den Fischen von 2003 bis 2010. Im Handeln durch Nicht-Tun (Wu Wei) liegt auch Neptuns Wirkung – nicht zu verwechseln mit Untätigkeit! Das Helfen und der Einsatz für die Interessen anderer sind auch eine Neptun-Angelegenheit. In der Psychosomatik: das Lymphsystem. In der Zuordnung der Körperteile: die Füße.

In der pervertierten Form: jede Art von Suchtverhalten, besonders häufig in Form von Alkohol- und Nikotinmissbrauch. Beispiel: Laut einer Studie der Freien Universität Berlin sterben in Deutschland jedes Jahr etwa 42.000 Menschen an den Folgen von Alkoholmissbrauch. Geschätzte 20 Milliarden Euro kostet ihre medizinische Behandlung. Sucht hat mit Suche zu tun. Wer erfolglos nach einer feineren Wahrnehmung der Dinge sucht, endet meist in einer Sucht.

In der griechischen Mythologie ist Neptun der Meeresgott Poseidon.

Pluto (8. Haus) – «Ich greife tief»

Macht und Ohnmacht. Druck und Unterdrückung. Tod und Wiedergeburt. Die Sicherung gemeinschaftlicher Interessen. Übergeordnete Konzepte, Programme und Prinzipien. Das biologisch-genetische Erbe. In der Geldwirtschaft: die Erbschaft. In der Psychosomatik sowie in der Zuordnung der Körperteile: die Geschlechtsorgane und der Darmausgang (Mastdarm). In der griechischen Mythologie ist Pluto Hades, der Gott der Unterwelt.

Pluto geht es um die instinktive, aber zugleich auch bewusst nachvollziehbare Durchsetzung kollektiver Interessen im kulturellen Gemeinwesen. Als dem neuen Mitherrscher des Mars-Zeichens Widder liegt Pluto das Kämpferische im Blut. Als Hauptherrscher des fixen Zeichens Skorpion möchte er aber etwas sichern. Es geht ihm nicht um einen schnellen Sieg, der sich später oft in eine Niederlage verwandelt, sondern um langfristige Ziele mit dem Einsatz taktisch geschickter Mittel wie in der Politik. Während bei Mars der schnelle (sexuelle) «Erfolg» des Einzelnen in Konkurrenz zu allen anderen zählt, ist bei Pluto die Sippe, das Volk, die Rasse oder der gesamte Kulturkreis im Spiel.

Planeten-Entsprechungen im Horoskopvergleich

Polare Planetenkombinationen zwischen zwei Horoskopen

Unter einer polaren Planetenkombination versteht man die starke Aspektierung zwischen zwei Planeten im Horoskop eines Menschen, die mit zwei Planeten im Horoskop des Partners eine komplementäre Ergänzung bilden. Folgende Aspekte werden der Reihenfolge nach als stark wirksam angesehen: die Konjunktion, das Quadrat, die Opposition, das Trigon, das Sextil. Das Sextil ist nur dann zulässig, wenn es einen engen Orbis hat. Die mit diesen Aspektierungen verbundenen Charaktermerkmale wirken sich auch dann auf die Beziehung aus, wenn keine Aspekte der Synastrie zwischen den betreffenden Planeten vorhanden sind.

☉ *Sonne und Mond* ☽

Er hat Sonne/Mars, sie hat Mond/Mars. Sein Tatendrang, sein stürmisches Wesen und seine Sportbegeisterung stoßen auf ihre Impulsivität und ihre (versteckte) Angriffslust als Einzelkämpferin.

Sie hat Sonne/Mars, er hat Mond/Mars. Er spiegelt ihren Tatendrang, ihr ungestümes Wesen und ihre Sportbegeisterung. Sie spiegelt ihm seine Impulsivität und ihre (versteckte) Angriffslust als Einzelkämpferin. Er lebt diese als Teil ihres Animus' für sie aus.

Er hat Sonne/Jupiter, sie hat Mond/Jupiter. Sein Drang zum Großartigen und das Aufbieten aller verfügbaren Kräfte und Mittel stoßen auf ihre Beliebtheit und auf ihre optimistischen Gefühle.

Sie hat Sonne/Jupiter, er hat Mond/Jupiter. Er spiegelt ihr ihre Beliebtheit und ihre optimistischen Gefühle. Sie spiegelt ihm seinen Drang zur Großartigkeit und den Drang, alle verfügbaren Kräfte und Mittel einzusetzen.

Er hat Sonne/Saturn, sie hat Mond/Saturn. Seine disziplinierte Art und sein maßvolles Handeln trifft auf ihr Bedürfnis, die traditionelle Frauenrolle einzunehmen.

Sie hat Sonne/Saturn, er hat Mond/Saturn. Er spiegelt ihr Bedürfnis, die traditionelle Frauenrolle einzunehmen. Sie spiegelt ihm seine disziplinierte Art und sein maßvolles Handeln.

Er hat Sonne/Uranus, sie hat Mond/Uranus. Seine sprunghafte und originelle Art trifft auf ihre Wechselbäder der Gefühle und ihr Bedürfnis nach einer modernen und unkonventionellen Frauenrolle.

Sie hat Sonne/Uranus, er hat Mond/Uranus. Er spiegelt ihr ihre Wechselbäder der Gefühle und ihr Bedürfnis nach einer modernen und unkonventionellen Frauenrolle. Sie spiegelt ihm seine sprunghafte und originelle Art.

Er hat Sonne/Neptun, sie hat Mond/Neptun. Seine visionäre Art und die Fähigkeit, sich auf dem Lebensweg führen zu lassen, stoßen auf ihre Bereitschaft, sich über vordergründige Einschränkungen hinwegzusetzen und sich in der emotionalen Grenzenlosigkeit zu verlieren.

Sie hat Sonne/Neptun, er hat Mond/Neptun. Ihre hintergründige Art und ihre Alternativen zum Herkömmlichen spiegeln sein Bedürfnis, sich in der emotionalen Grenzenlosigkeit zu verlieren.

Er hat Sonne/Pluto, sie hat Mond/Pluto. Seine Prinzipientreue, sein kontrollierendes Wesen und seine Verschwiegenheit stoßen auf ihre psychologischen Fähigkeiten einerseits und ihre versteckten Machenschaften andererseits.

Sie hat Sonne/Pluto, er hat Mond/Pluto. Ihre Prinzipientreue und ihre Machtspiele spiegeln seine Vorliebe für eine starke Frau wider, die kompromisslos und skrupellos handelt, wenn es sein muss.

♂ *Mars und Venus* ♀

Er hat Mars/Sonne, sie hat Venus/Sonne. Seine sportliche und energiegeladene Art erinnert sie an ihren Vater oder an ihr inneres Bild vom schönen, sportlichen oder reichen Mann.

Sie hat Mars/Sonne, er hat Venus/Sonne. Ihre Vorliebe für energische und sportliche Männer verbindet sich harmonisch mit seiner Vorliebe für glanzvolle Frauen vom Typ einer Aphrodite oder einer Kleopatra.

Er hat Mars/Mond, sie hat Venus/Mond. Wenn bei ihm die Betonung auf dem Mars liegt, treffen seine einzelkämpferische Seite und seine Impulsivität auf ihre Neigung zur Passivität, und sie erwartet, dass immer er den ersten Schritt macht. Wenn die Betonung bei ihm aber auf dem Mond liegt, braucht er den Anstoß durch sie, und die beiden haben eine Patt-Situation.

Sie hat Mars/Mond, er hat Venus/Mond. Sie erwartet in ihrer Impulsivität und ihrer versteckten Angriffslust von ihm, dass er die Initiative ergreift, und er erwartet mit seiner unterdrückten Weiblichkeit, dass sie die gewährende und empfangende Rolle übernimmt.

Er hat Mars/Jupiter, sie hat Venus/Jupiter. Seine bis zur Überaktivität gehende Unternehmungslust und seine Kämpfernatur stoßen auf ihre große Lebensfreude, ihre Wertschätzung für schöne Dinge und ihre Erwartung, vom Schicksal begünstigt zu werden und, nicht zuletzt, dass er um ihre Gunst kämpft und sich dabei großzügig und charmant zeigt.

Sie hat Mars/Jupiter, er hat Venus/Jupiter. Ihre Vorliebe für aktiv handelnde und unerschrockene Männer und ihr Kampfgeist spiegeln sich in seinem Schönheitssinn und seiner Erwartung, dass für ihn nur das Beste im Leben gut genug ist.

Er hat Mars/Saturn, sie hat Venus/Saturn. Seine aus einem Mangelbewusstsein heraus resultierende Leistungsbereitschaft stößt auf ihr geringes Selbstwertgefühl, das immer nach Anerkennung sucht.

Sie hat Mars/Saturn, er hat Venus/Saturn. Ihre vorsichtige Art zu handeln und ihre Vorliebe für korrekte und steife Männer mit schwachem Selbstwertgefühl, die nach gesellschaftlicher Anerkennung streben, spiegeln sich in seiner Bereitschaft, auch mit geringen Erwartungen an den Erfolg, dem Leben etwas Schönes abzugewinnen.

Er hat Mars/Uranus, sie hat Venus/Uranus. Sein Bewegungsdrang, seine plötzlichen Aktionen und seine Unberechenbarkeit stoßen auf ihre Freiheitsliebe, ihren Individualismus und ihre Abneigung gegen althergebrachte Ausdrucksformen der Weiblichkeit.

Sie hat Mars/Uranus, er hat Venus/Uranus. Ihr Sinn für alles Verrückte und Ausgefallene, ihre Freiheitsliebe und ihre Vorliebe für unkonventionelle Männer spiegeln seinen unkonventionellen Lebensstil und seine Vorliebe für freiheitsliebende Frauen.

Er hat Mars/Pluto, sie hat Venus/Pluto. Seine Fähigkeit, Tabus zu brechen, sich Machtkämpfen zu stellen, und sein Hang, sich im Extremfall selbst zu zerstören, stoßen auf ihren Sex-Appeal und auf ihre raffinierte Art, andere zu dem zu bringen, was sie sich insgeheim wünscht.

Sie hat Mars/Pluto, er hat Venus/Pluto. Ihre Fähigkeit, sich nach schweren Krisen und inneren (Macht-) Kämpfen immer wieder zu erholen, spiegelt sich in seiner Leidenschaft, sich schönen Dingen hinzugeben oder sich mit Geld Macht und Einfluss zu verschaffen, und in der Gefahr, dies alles wieder zu verlieren, wenn er zu stark daran festhält.

♃ *Jupiter und Saturn* ♄

Er hat Jupiter/Sonne, sie hat Saturn/Sonne. Sein Drang zur Großartigkeit unter Aufbietung aller verfügbaren Mittel bei zugleich schneller Erschöpfung und wenig Ausdauer stößt auf ihre Genügsamkeit und ihr Bild vom konventionellen und nach gesellschaftlicher Anerkennung strebenden Mann. Dies ist eine ziemlich konträre unpersönliche Mischung von Verhaltensmerkmalen, die über die Polarität von Jupiter und Saturn auf der gesellschaftlichen Ebene ablaufen. Es geht um die Rechte und Pflichten als Staatsbürger und um amtliche Angelegenheiten. Arrangiert man sich auf der privaten Ebene, auf der durch andere polare Verbindungen der persönlichen Planeten mit der Sonne ein guter Austausch stattfindet, kommen die Partner dennoch gut miteinander aus. Auf der gesellschaftlichen Ebene nehmen sie jedoch getrennte Positionen ein.

Sie hat Jupiter/Sonne, er hat Saturn/Sonne. Da Jupiter im Gesellschaftsleben den männlichen und Saturn den weiblichen Pol übernimmt, wirkt sich diese Polarität kaum persönlich aus. Die Partnerin überlässt dem Partner jedoch manch lästige Steuerangelegenheit, die ihr zu viel Geduld und Ausdauer abverlangen würde (Jupiter hat diese nicht), und er lässt sich von ihrem Optimismus zum Beispiel vor Gericht und bei Behörden anstecken, wo ihm der Mut zur Zivilcourage fehlt.

Er hat Jupiter/Mond, sie hat Saturn/Mond. Seine Beliebtheit, sein Gefühl für Rechtschaffenheit und seine Gutgläubigkeit treffen auf ihre Neigung, die traditionelle Frauen- und Mutterrolle einzunehmen (vorausgesetzt sie hat nicht zugleich eine Venus/Uranus-Komponente). In dieser Verbindung hängt ein gutes Einvernehmen zwischen den Partnern ebenfalls stark davon ab, wie die Polarität der Planeten auf einer persönlicheren Ebene, wie der von Mars (Animus der Frau) und Venus (Anima des Mannes), wirkt. Die Polarität von Jupiter und Saturn ist nicht geschlechtsspezifisch, sondern wirkt sich in gesellschaftlichen Bereichen indirekt auf Anima und Animus aus.

Sie hat Jupiter/Mond, er hat Saturn/Mond. Ihr Bedürfnis, die Gunst anderer mit ihrer Überzeugungskraft zu gewinnen, erfüllt sich nur zum Teil in seiner Vorliebe für eine traditionelle Frau und Mutter, denn zum Staubwischen hat Jupiter mit seiner Neigung zur Bequemlichkeit keine Lust. Mit diesem Kleinkram wird lieber eine Haushaltshilfe beauftragt. Im anderen Fall beklagt sich die Frau, dass sie sich zur Putzfrau degradiert fühlt. Wie sehr sie in die traditionelle Frauenrolle hineinpasst, hängt nicht zuletzt von den Mars- und Venus-Stellungen beider Partner ab. Mit einer starken Venus/Uranus-Komponente im Horoskop der Frau bestehen jedoch kaum Chancen dafür, auch dann nicht, wenn sie ihren Jupiter auf den Mann projiziert. Sie möchte mit Jupiter/Mond aber andererseits nicht den Eindruck erwecken, dass sie in einer traditionell weiblichen Domäne zu sehr auf andere angewiesen ist.

⛢ *Uranus und Neptun* ♆

Er hat Uranus/Sonne, sie hat Neptun /Sonne. Dies ist eine kontrastreiche Mischung, bei der sich die Partner in ihren geistigen und gesellschaftspolitischen Interessen zwar gegenseitig anregen, aber nicht so leicht die beruflichen Aufgaben übernehmen können, die vom anderen erfüllt werden. So ist sie zum Beispiel besser in der Interpretation von Horoskopen, er hingegen beherrscht die astrologischen Computerprogramme besser. Er bewährt sich im freien Wettbewerb mit einem eigenen Unternehmen, sie arbeitet lieber im sozialen Bereich einer öffentlichen Einrichtung. Selbst dann, wenn sie beide zusammen eine Firma leiten oder in derselben Firma angestellt sind, sind ihre Aufgabenbereiche immer verschieden. Der eine dürfte sich kaum die Talente des anderen und umgekehrt vollständig aneignen können. Harmonieren die übrigen Faktoren in ihren Horoskopen gut miteinander, kann es im persönlichen Bereich dennoch zu einer Ergänzung und zu einer erfüllende Partnerschaft kommen.

Sie hat Uranus/Sonne, er hat Neptun/Sonne. Da Uranus männlich und Neptun weiblich gepolt ist, neigt die Frau mit dieser Konstellation manchmal dazu, ihren Freiheitssinn und ihren Unternehmergeist zu einem Teil auf den Mann zu projizieren, und er neigt manchmal dazu, seine Vorstellungen von einer Alternative zur herkömmlichen Männerrolle zu einem Teil von ihr ausleben zu lassen oder sich von ihr vorleben zu lassen. Zumindest braucht er ihre moralische Unterstützung, um zum Beispiel den Mut aufzubringen, sich als Teilzeitvater bei seiner Firma mit einer niedrigeren Stundenzeit durchzusetzen. Auch ein männlich-weiblicher Rollenwechsel – der eine geht zur Arbeit, der andere bleibt zu Hause – ist denkbar, wenn die Aufgabenbereiche schon uranisch oder neptunisch angelegt sind und keiner von beiden ein aufgabenfremdes Gebiet übernehmen soll. Dann haben sie auch keine Probleme damit, den männlich-weiblichen Rollenwechsel vor anderen zu vertreten. Wir haben es hier mit einer gesellschaftspolitischen Komponente der Beziehung zu tun, die in ihrer Wirkung davon abhängt, wie die Partner auf einer persönlicheren Ebene miteinander zurechtkommen. *Da Uranus und Neptun in einer geistigen Polarität zueinander stehen und sie in ihrer transpersonalen Wirkung nicht mehr persönlich als Anima und Animus wahrgenommen werden, ist diese Polarität die am wenigsten geschlechtsspezifische von allen Polaritäten auf der Planetenebene und kann somit auch auf beide Geschlechter übertragen werden.* Trotzdem tut sich in den meisten Fällen der Mann mit Uranus etwas leichter und die Frau mit Neptun.

Hier können einige allgemeine Auswirkungen des Uranus/Neptun-Gegensatzpaares ohne Mann/Frau-Bezug ergänzt werden:

Da in der gegenwärtigen westlichen Gesellschaft mit seiner Vorherrschaft des Maskulinen in fast allen Bereichen Uranus allgemein müheloser umgesetzt wird als Neptun, tun sich auch viele Frauen leichter mit der luftigen Uranus-Sprunghaftigkeit. Neptun schleicht sich häufig ungewollt und unmerklich als Mode-Erscheinung in unser Leben ein und entzieht sich damit unserem Bedürfnis nach uranischer Überschaubarkeit und saturnischer Kontrolle. Wir wissen mit Neptun oft nicht, ob wir einem Modetrend nachgehen, der unter Individualisten als «alternativ» gilt, oder ob wir einfach mit der Masse mitgeschwemmt werden und dann hinterher erkennen, dass wir mit unseren alternativen Vorstellungen gar nicht mehr in der Minderheit sind, sondern dass schon große Teile der Bevölkerung diese Alternativen leben und umsetzen. So ist die zunehmende Vermischung der klassischen Geschlechterrollen ein Trend, der auch auf das Konto der Uranus/Neptun-Polarität geht. Der Sonne/Uranus-Partner, ganz gleich ob Mann oder Frau, möchte eine Gegenposition zum vorherrschenden Trend einnehmen, um seine Exzentrik und Unabhängigkeit besser zum Ausdruck bringen zu können. Der Sonne/Neptun-Partner hingegen liebt es eher, sich vom aktuellen Trend mitreißen zu lassen. Es könnte daher zu Meinungsverschiedenheiten zwischen jemandem mit Sonne/Uranus und jemandem mit Sonne/Neptun kommen – es sei denn, die Exzentrik des Sonne/Uranus-Betonten liegt zufällig im Trend der alternativen Richtung, die der Sonne/Neptun-Betonte gerade einschlägt. Liegt es beispielsweise in der exzentrischen Geschmacksrichtung eines Sonne/Uranus-Betonten, ungeachtet aller herrschenden Modeströmungen, eine bis zur Taille reichende Langhaartracht nicht nur bei sich, sondern auch bei anderen schön zu finden, und geht der Sonne/Neptun-Betonte einem neuen Trend in der Haarmode nach und lässt sich eine Beinahe-Glatze schneiden, so haben die beiden sicher Meinungsverschiedenheiten über ihren Geschmack. (Siehe auch jeweils Uranus und Neptun in der Planeten-Übersicht).

Welche Aspekte kommen in Frage – welche lassen wir weg?

Wie eingangs gesagt, werden wir bei Planeten-Entsprechungen im Horoskopvergleich nur die Hauptaspekte berücksichtigen. Wir lassen also Nebenaspekte wie Halbsextil, Halbquadrat, Quintil, Anderthalbquadrat, Biquintil und Quinkunx weg. Die Nebenaspekte wirken für sich allein betrachtet sehr schwach, und wir haben daher bei unserer Vergleichsmethode keine Verwendung für sie. Wir sehen der Reihenfolge nach als wirksam an: *Die Konjunktion, das Quadrat, die Opposition, das Trigon und zuletzt das Sextil.* Da selbst das Trigon von vielen Menschen nur noch schwach gespürt wird, verringert sich die Wirkung zweier Planeten, die im Trigon zueinander stehen, im Vergleich zum Quadrat etwa um die Hälfte. Das kommt daher, dass ein Quadrat als Hemmung oder als Herausforderung in Erscheinung tritt, also als etwas, woran der Mensch nicht vorbeikommt und womit er sich beschäftigen muss. Das Trigon hingegen wird in der Umsetzung als leichter empfunden und oft gar nicht wahrgenommen, weil keine Widerstände und Hemmnisse auftreten. Beim Sextil halbiert sich die Wirkung des Trigons nochmals um etwa die Hälfte, und wenn es den Orbis der betreffenden Planeten von 2° übersteigt, spüren wir es nur noch so schwach, dass es für unseren Planetenvergleich als unwirksam angesehen werden kann. Wir verwenden Sextile hier höchstens bis zu einem Orbis von 3° bei einem Aspekt mit Sonne oder Mond, im Übrigen lassen wir nur einen Orbis bis zu 2° gelten.

Die größte Gefahr bei allen Aspekt-Deutungen liegt darin, immer alles zu berücksichtigen, was sich an Winkeln anbietet. Damit wird die Astrologie aber unbrauchbar, weil man sehr schnell den Überblick verliert. In einem Stangenforst halten wir uns nicht gern auf, weil man bei so vielen Bäumen den Wald nicht mehr richtig sieht. Aus demselben Grund können wir uns in einem Horoskop nicht zurechtfinden, in dem ein solches Aspektgewirr herrscht, dass es erst einmal ausgelichtet werden müsste.

Mars und Venus im Aspekt mit langsamen Planeten und im gegenseitigen Aspekt

Der langsamere Planet hat bei einer Aspektierung gegenüber einem schnellen inneren Planeten wie Merkur und Venus grundsätzlich den größeren Einfluss. Bei einem stierbetonten

Menschen zum Beispiel hat natürlich die Venus einen individuell großen Einfluss, und dieser fällt unter Umständen mehr ins Gewicht als der Mars. Aber dies ist hier nicht gemeint. Betrachten wir die Verweildauer von Mars in einem Zeichen – sie dauert im Schnitt doppelt so lang wie die der Sonne –, dann können wir ihn einerseits zu den Langsamläufern rechnen, und wenn er monatelang rückläufig wird, steht er in seiner Zeichenwirkung der von Jupiter in kaum etwas nach. Wir zählen ihn aber trotz seiner außerhalb der Erde liegenden Laufbahn um die Sonne zu den persönlichen Planeten. Somit geht seine Wirkung über das Persönlich-Egoistische nicht hinaus. Erst Jupiter, dessen Laufbahn jenseits des Asteroidengürtels liegt, hat von seiner Symbolik her als der nächste weiter von der Sonne entfernt liegende Planet eine gesellschaftliche Wirkung. Zeichenstellung und Häuserstellung sollten bei Mars dennoch grundsätzlich nicht gleich stark bewertet werden. Nehmen wir den Jahrgang einer Schulklasse. Etwa die Hälfte aller Mitschüler haben den Mars im selben Zeichen, weil er damals bei ihrer Geburt gerade rückläufig war. Bei seiner Gegenspielerin Venus auf der persönlichen Ebene ist dies ganz anders. Alle Mitschüler haben rund um den Tierkreis verteilte Venus-Stellungen. Also ist im Vergleich zwischen den Klassenkameraden die Häuserstellung von Mars eine viel persönlichere als die Zeichenstellung, während Zeichenstellung und Häuserstellung von Venus etwa gleichermaßen von individueller Bedeutung sind.

Bei den Aspekten gilt die Regel, dass Mars im Aspekt zu einem schnellen Planeten wie dem Merkur oder der Venus in seiner Bedeutung nicht von so nachhaltiger und schon gar nicht von gesellschaftlicher Bedeutung ist, wie es ein Aspekt von Jupiter oder gar Saturn zu Merkur und Venus ist. Nehmen wir als Beispiel die Venus im Quadrat zum Jupiter und gleichzeitig in Opposition zum Pluto: Hier hat der extreme Langsamläufer Pluto den durchschlagenderen Einfluss auf die Venus, vorausgesetzt, die Opposition liegt noch im Bereich eines engen Orbis, und vorausgesetzt, Jupiter erhält nicht dadurch mehr Gewicht, weil er Aszendentenherrscher ist. Zumindest verschärft Jupiter die Venus/Pluto-Oppositon. Sie macht den Menschen zum Beispiel machtgieriger oder besitzgieriger oder auch nur leidenschaftlicher, je nachdem, wie materialistisch oder sozial der Mensch von seiner Grundbetonung her ausgerichtet ist. Finden wir diese Konstellation in einem Männerhoroskop, können wir sicher sein, dass der Betreffende auf eine Frau «scharf» ist, die ihn auf Skorpion-(Pluto-)Art einspinnt, um ihn für sich erobern zu können, so dass ein Entrinnen nur noch schwer möglich ist, wenn er ihr einmal ins Netz gegangen ist. Vielleicht ist der Mann von ihr auch nicht in jeder Hinsicht angetan, und sie erfüllt für ihn vielleicht nur im Bett all seine Sehnsüchte nach körperlicher Intensität. Vielleicht hat er es allein schon deshalb schwer, eine Alternative zu finden. Ein weiteres Beispiel wäre ein Mars/Jupiter-Quadrat im Horoskop einer Frau. Da Jupiter der langsamere Planet ist und somit nachhaltiger wirkt, kann es eher sein, dass er als überwiegend männliches Symbol eher auf einen Mann übertragen bzw. projiziert wird als der schnellere Mars, vorausgesetzt, die Frau hat eine starke Widder-Betonung. Die Frage ist immer, wie viel die Frau von ihrem Mars als dem natürlichen Animus auf den Mann richtet. Als sicher kann jedoch angenommen werden, dass ihr ein Mann gefällt, der sie auf Jupiter-Art direkt und forsch «anmacht» oder mit ihr Abenteuer bestehen will. Der Mann kann eine Jupiter-Betonung in Form eines Schütze-Aszendenten haben, oder seine Sonne steht im Schützen. Hier würde auch schon eine Feuerbetonung des Mannes im 9. Haus ausreichen, um ihn für die Frau interessant zu machen.

Da Mars und Venus eine Polarität zueinander bilden, stellen Radix-Aspekte zwischen beiden eine Aufhebung dieser Polarität dar. Nehmen wir zum Beispiel eine Konjunktion. Es handelt sich dabei entweder um einen Menschen, dessen Kontaktfähigkeit aggressiv ist oder dessen Durchsetzung in einer Beziehung durch taktisches Abwarten geschieht. Eine Frau mit einer Mars/Venus-Aspektierung in ihrem Radix dürfte in den meisten Fällen dem Mann die Rolle des Aktiven überlassen. Nur dann, wenn sie sehr mars-(widder-)betont ist und der Mann nicht, kann sich das Rollenverhalten umdrehen. Manche Astrologen vertreten die Auffassung, dass Menschen mit einem harten Aspekt zwischen Mars und Venus kein großes Bedürfnis nach einer dauerhaften Partnerschaft haben, weil sich die erotische Spannung in sich selbst aufhebt. Natürlich finden sich auch unter Menschen mit diesem Aspekt im Radix solche mit langjährigen Beziehungen. Auf jeden Fall sorgt eine «harte» Mars/Venus-Aspektierung im Radix mindestens eines Partners für Zündstoff, und die Betreffenden üben, wenn ein Bezug zum dritten Quadranten besteht und sie obendrein attraktiv sind, auf das andere Geschlecht eine knisternde erotische Spannung aus. In abgeschwächter Form gilt das auch bei einer Venus im 1. Haus oder bei einem Mars im 7. Haus. Was in der Erotik so schön «knistert», trägt gleichermaßen zu einer niedrigen Hemmschwelle im Streit bei. Deswegen haben es die Betreffenden in Beziehungen generell nicht leicht miteinander.

«Weiche» oder «harte» Aspektierungen? – Was ist besser für die Partnerschaft?

In dem einen Geburtshoroskop gibt es mehr «weiche» Aspekte – damit sind Trigone und Sextile gemeint –, in dem anderen sind mehr «harte» Aspekte – damit sind Oppositionen und Quadrate gemeint.

Wenn jemand viele «weich» oder «fließend» aspektierte Planeten hat, dann sind auch immer viele «weiche» oder «fließende» Zwischenaspekte zu den Planeten des Partners vorhanden. Dies ergibt sich automatisch. Ebenso ist es, wenn jemand viele «hart» oder «gespannt» aspektierte Planeten in seinem Radix hat. Dann ergeben sich automatisch viele «harte» oder «gespannte» Zwischenaspekte zu den Planeten des Partners.

Menschen mit einem eher «harten» oder «gespannten» Aspektbild bekommen in der Synastrie aber immer auch das eine oder andere Trigon oder Sextil durch den Partner. Umgekehrt bekommen Menschen mit einem «weichen» oder «harmonischen» Aspektbild immer auch das eine oder das andere Quadrat oder die eine oder die andere Opposition durch den Partner.

Grundsätzlich gilt aber: Wer ein spannungsgeladenes Horoskop hat, braucht auch die Spannung durch Quadrate und Oppositionen in der Synastrie. Wer ein harmonisches und spannungsarmes Horoskop hat, braucht auch die harmonische Verstärkung durch Trigone und Oppositionen in der Synastrie.

Nun gilt es zu beachten, dass ein Planet, der im Radix ausschließlich «hart» aspektiert ist, keine weiteren Quadrate oder Oppositionen durch Zwischenaspekte mehr verträgt. Dies würde den Menschen, der so viel Spannung auf dem betreffenden Planeten hat, krank machen. Beispiel: Jemand hat ein Mond/Mars-Quadrat in seinem Radix und vielleicht noch eine Opposition zum Jupiter. Wenn nun noch ein Quadrat vom Uranus seines Partners als Zwischenaspekt zu diesem Mond hinzukäme, würde der Mensch diese Spannung nicht vertragen. Der Partner würde ihn nach einer gewissen Zeit so gemütskrank machen, dass er sich von ihm trennen müsste. Wenn andere Faktoren in der Synastrie ausgleichend wirken würden, so wäre der so stark angegriffene Mond dieses Menschen immer noch ein Konfliktherd in der Beziehung zu diesem Partner. Nicht jeder Spannungsaspekt kann und darf auf Biegen und Brechen als Entwicklungsmöglichkeit angesehen werden. In vielen Fällen kann er auch als Störung angesehen werden, die den Menschen über das nötige Maß hinaus belastet.

Wie ist das bei Quinkunx-Winkeln? Diese 150°-Winkel kommen als Deutungsmerkmal für die Polarität auf der Planetenebene zwischen zwei Horoskopen in diesem Buch aus oben genannten Gründen normalerweise nicht in Betracht. Bilden sie eine Yod-Figur, sind sie durchaus wichtig und können in die

Deutung einbezogen werden, und dies gilt auch für die Synastrie. Quinkunxe gelten nicht eindeutig als «harte» oder herausfordernde Winkel, und sie sind als ambivalent wirkender Einzelaspekt eine Randerscheinung im Aspektbild. Bilden zwei Quinkunxe aber zusammen mit einem Sextil eine Yod-Figur und ist der im Apex «aufgespießte» Planet vom Partner, wird es interessant. Ein Beispiel: Er hat Saturn in 7, der nur von seiner Venus eine Opposition erhält, sonst aber keine weiteren Hauptaspekte. Seine frühere Ehepartnerin hat in ihrem Radix ein Sextil mit Merkur und Venus. Sie verbinden sich mit seinem Saturn in der Synastrie über zwei Quinkunxe zu einer Yod-Figur. Saturn ist unter anderem das Symbol für Verantwortungsbewusstsein und für Strukturgebung in dem Bereich, in welchem er steht und herrscht. Im 7. Haus, wo er steht, hat der Partner die Verantwortung für das Gelingen der Beziehungssituation mit einem Kleinkind übernommen. Im 8. Haus, über das er herrscht, hat er sich auf einen Ehevertrag mit dieser Frau eingelassen. Für die Zeit, in der seine beruflich gut ausgebildete Partnerin als Mutter keine Chance auf eine Anstellung auf dem Arbeitsmarkt hatte, nahm er nach längerer Arbeitslosigkeit einen Hilfsjob an, um seine junge Familie durchbringen zu können. Außenstehende betrachteten die Ehe der beiden als stabil und vorbildlich. Das friedliche Glück erwies sich als trügerisch. Als die Frau plötzlich in die Großstadt zog und die Scheidung einreichte, waren alle überrascht.

Bei Yod-Figuren wird der am Apex «aufgespießte» Planet meist in der Projektion erlebt. Die Frau projizierte ihr Bedürfnis nach Struktur (Saturn) auf den Mann, der sich in die Rolle des Verantwortlichen (Saturn) gedrängt sah. Damit aber nicht genug: Er sollte die ganze Sache ausbaden. Die Frau bildete sich mit ihrer Stier-Venus in Opposition zu ihrem Neptun eine gewisse Zeit lang ein, mit einer Kleinfamilie in einem abgeschiedenen Dorf glücklich zu werden, obwohl ihre starke Zwillinge-Betonung eigentlich dagegensprach. Als sie es nach wenigen Jahren in der ländlichen Idylle nicht mehr aushielt und mit ihrem Kind in die Großstadt zurückzog, wo sie sich mithilfe einer Erbschaft und guter Berufschancen schnell etablierte, wurde ihr klar, dass sie ihren Mann «loswerden» musste. Er kam ihr wie ein Klotz am Bein vor, und es gelang ihr, diesen Klotz, den sie sich als vorübergehend projizierten Saturn «ausgeliehen» hatte, abzustreifen. Undank war der Mühe Lohn für den Saturn-Partner. Er fühlte sich von der Frau getäuscht und ausgebeutet und war natürlich schwer frustriert (Saturn). Sie hatte ihn kurz vor der Scheidung noch dazu gebracht, ihr erstes uneheliches Kind zu adoptieren. Für dieses Kind musste er nach der Scheidung auch noch Unterhalt zahlen.

Hier zeigt sich deutlich, dass ein im Radix durch eigene Aspekte bereits belasteter Planet der Belastung durch herausfordernde Zwischenaspekte in der Regel nicht mehr standhält. Bietet jemand in einer Yod-Figur seinen Planeten dem Partner im Apex als Projektionsfläche an, muss er damit rechen, dass er in dem Bereich, in dem dieser in seinem Radix steht und herrscht, schwere Einbußen hinnehmen muss. Die Frage, warum jemand in so eine missliche Lage gerät, kann dahingehend beantwortet werden, dass er beispielsweise ein schwaches Selbstwertgefühl hat und unbewusst glaubt, sich für andere opfern zu müssen. Letzteres liegt aber nicht in der Zwischenaspektierung durch Quinkunxe begründet, sondern in Bereichen des Geburtshoroskops, die ein schwaches Selbstwertgefühl anzeigen.

Wie funktioniert die Polarität zwischen zwei Planeten im Partnervergleich?

Nehmen wir ein Beispiel mit Sonne und Mond als Polarität zwischen zwei Horoskopen an: Als gemeinsamen Planeten, mit dem Sonne und Mond jeweils aspektiert sind, nehmen wir die Venus. Im Horoskop des Mannes steht zum Beispiel der Mond im Trigon zur Venus, im Horoskop der Frau die Sonne in Opposition zur Venus. Das Verbindende oder der gemeinsame Nenner ist die Venus. Die komplementäre Ergänzung haben wir zwischen seinem Mond und ihrer Sonne. Sein Trigon bedeutet für sich betrachtet, dass er Frauen anzieht, deren erotische Weiblichkeit (Venus) mit der mütterlich-fürsorglichen Weiblichkeit (Mond) übereinstimmt. Ihre Sonne/Venus-Opposition bedeutet für sich betrachtet, dass sie Männer anzieht, deren aktive Lebensgestaltung (Sonne) über Harmonie, Schönheitssinn und materielle Werte (Venus) zum Ausdruck kommt. Beiden ist das Streben nach Harmonie und teuren Werten gemeinsam.

Diese Sonne/Mond-Polarität über die Venus ist nicht bewusstseinsbildend, wie das mit Uranus der Fall wäre, sondern schlägt sich auf der praktischen materiellen Ebene und in der Freude an schönen Dingen nieder. Wäre nun der Mann der Sonne-Partner und die Frau der Mond-Partner, hätten wir ebenfalls eine Ergänzung über die Venus, aber die Frau wäre mit ihrer eigenen Weiblichkeit (Mond) und der Mann mit seiner eigenen Männlichkeit (Sonne) konfrontiert. Die Grundlage der Beziehung wäre dann nicht die Anziehung über seine Anima und ihren Animus (das sind die im Verborgenen liegenden gegengeschlechtlichen Komponenten in der Seele, durch die man sich im anderen widerspiegeln kann), sondern sie läge in der Ergänzung zwischen zwei Menschen, die zwar ihrer äußeren Geschlechtszugehörigkeit gemäß aufeinander eingestimmt sind, aber nur im Sinne einer Verstärkung der eigenen Vorzüge. Von daher gesehen müssten sie nicht einmal Mann und Frau sein, um gut miteinander zu harmonieren.

Nehmen wir außerdem ein Beispiel mit einem Mond/Uranus-Aspekt im Horoskop des Mannes und einem Sonne/Uranus-Aspekt im Horoskop der Frau. Hierzu haben wir auch ein Fallbeispiel (siehe Herbert und Angelika, Seite 84). Die Aspekte zu Uranus bedeuten, dass jemand eine Anlage zur Experimentierfreudigkeit und zu plötzlichen Entschlüssen hat, die er am liebsten sofort in die Tat umsetzen möchte. Zwei Menschen mit dieser Aspektierung in ihren Horoskopen passen in ihrem Wesen wunderbar zusammen, weil zwischen ihnen ständig der Reiz des Gegensätzlichen von männlich/weiblich (Sonne/Mond), bei allem, was sie miteinander unternehmen, auf uranische, das heißt auf unberechenbare und spontane Art, zur Wirkung kommt. Auch hier läuft die komplementäre Ergänzung über Anima und Animus in Form einer gegenseitigen Spiegelung zwischen dem Innen und dem Außen ab. Anders verhielte es sich, wenn der Mann der Sonne-Partner und die Frau der Mond-Partner wäre. Dann wäre der Mann mit seiner Männlichkeit und die Frau mit ihrer Weiblichkeit konfrontiert, was dazu führt, dass jeder seine ihm von der Erziehung her zugeteilte geschlechtskonforme Rolle spielt, ohne auf den anderen eingehen zu müssen. (Das dazu passende Fallbeispiel sind Susanne und Felix, Seite 99). Damit es zu keinen Missverständnissen kommt: Hier ist nicht die Synastrie zwischen Sonne und Mond der Partner gemeint.

Eine weitere Möglichkeit einer Ergänzung durch Polarität im Horoskopvergleich liegt im Wechselspiel zwischen Planeten und Zeichen. Die Anwendung dieser Möglichkeit ist in der Partnerschaftsastrologie altbekannt und hat sich gut bewährt. Daher sollte diese Möglichkeit für eine Verfeinerung oder Ergänzung unserer Methode nicht vergessen werden.

Ein Beispiel hierfür: Der eine Partner hat die Sonne in einem Feuerzeichen, der andere Partner den Mond. Die wohltuendste Entsprechung ist nicht etwa die von Sonne und Mond im selben Zeichen oder gar eine Konjunktion in der Synastrie, weil dadurch die Spannung manchmal zu groß ist. Am wohltuendsten wirken Sonne und Mond in verschiedenen Zeichen desselben Elements. Zum Beispiel: Er hat seine Sonne im Widder, sie hat ihren Mond im Schützen oder im Löwen. Es muss kein Trigon zwischen seiner Sonne und ihrem Mond zustande kommen, obwohl dies die Sache noch perfekter machen würde. Es reicht, wenn Sonne und Mond der Partner in einem anderen Zeichen desselben Elements stehen. Ein anderes Beispiel: Sein Mond steht im Steinbock, ihre Sonne im Stier. Die Partner haben durch dasselbe Element trotz der Polarität auf der wesenhaften Ich-Ebene eine Gemeinsamkeit und werden daher nicht allzu stark miteinander konfrontiert. Wenn die polar entgegengesetzten Himmelslichter Sonne und Mond zum Beispiel beide in der Jungfrau oder beide im Steinbock stehen, ist das im Partnervergleich zwar eine Verstärkung von Gleichem mit Gleichem. Der Nachteil ist aber, dass dadurch eine Konkurrenzsituation entstehen kann. (Das passende Fallbeispiel in diesem Buch dafür sind Herta und Martin, Seite 113. Sie haben eine Mond/Mond-Konjunktion in der Synastrie, weshalb es immer wieder zum Kompetenzstreit kommt).

Verstärkungen durch Gleiches oder Anziehung durch Polarität – was wiegt mehr?

Was ist, wenn beide Partner denselben Aspekt haben? Was ist, wenn beide ein Venus/Uranus-Quadrat haben oder wenn der eine Partner eine Venus/Uranus-Konjunktion hat? Hier taucht die Frage auf, ob sich dies ungünstiger auf die Partnerschaft auswirkt als eine Entsprechung durch polaren Kräfteausgleich. Die Antwort darauf kann nicht immer eindeutig mit Ja oder Nein beantwortet werden. Unzählige Horoskopvergleiche bestätigen aber, dass alle wichtigen Partnerschaften zwischen Mann und Frau beides aufzuweisen haben, damit eine solche überhaupt erst zustande kommen kann. Dabei fällt auf, dass es bei den überwiegend auf sexueller Anziehung und Abwechslung beruhenden Beziehungen mehr Entsprechungen durch polare Gegensätze gibt. Wenn bei einem Paar überwiegend gleiche Aspektierungen in den Horoskopen vorhanden sind, dann können sie trotzdem eine praktisch funktionierende Partnerschaft haben. Der Reiz des Neuen dürfte allerdings gering sein. Es besteht die Gefahr, dass die Beziehung einschläft.

Wenn ein Paar keine Polarität auf der Planetenebene hat, besteht die Möglichkeit, dass es eine indirekte Polarität in Form einer Häuserbesetzung durch Planeten hat. Diese Polarität kann nicht so stark gewertet werden wie die Polarität auf Planetenebene, weil sie in die Bereiche der Verwirklichung von Anlagen auf bestimmten Betätigungsfeldern geht.

Über eine Venus/Pluto-Verbindung (Venus und Pluto sind kein Gegensatzpaar) oder eine indirekte Venus/Mars-Kombination (zum Beispiel Venus im 1. Haus des einen mit Mars im 7. Haus des anderen Partners) kann sich eine die Erotik fördernde indirekte Polarität zeigen. Mit anderen Worten: Wenn zum Beispiel der eine Venus im 1. Haus und der andere Venus im 7. Haus hat, ist das eine wechselwirksame Verbindung. In der psychologischen Astrologie sagt man auch: Das 7. Haus ist das 1. des anderen und umgekehrt: Das 1. ist das 7. Haus des anderen usw.[3]

Wir halten fest: Über diese Methode erhalten wir eine Polarität zwischen den Partnern. Sie äußert sich aber nicht direkt über die Planeten und zielt nicht so primär auf Polarität zwischen den Partnern ab wie der direkte Vergleich auf der Planetenebene. Wenn wir uns also eine indirekte Polarität über die Häuserbesetzung durch Planeten anschauen, dann wissen wir, dass zum Beispiel das 1. Haus mit Mars gleichgesetzt wird, das 2. mit Venus usw. Venus im 1. Haus wirkt wie eine abgeschwächte Mars/Venus-Konjunktion und Mars im 2. Haus ebenfalls.

Was das Verhältnis zwischen dem sich polar Ergänzenden einer komplementären Gegensätzlichkeit einerseits und dem verstärkenden Gleichen andererseits anbelangt, so stehen jene Paare am besten da, bei denen beides in den Geburtshoroskopen etwa zur Hälfte vorhanden ist. Sie haben damit zwar nicht die Gewähr, dass ihre Beziehung langfristig gut geht, aber sie haben jedenfalls bessere Karten als diejenigen, die fast nur Gleiches verbindet oder deren Anziehung fast ausschließlich auf Polarität beruht. Nicht für alle gilt aber genau das Gleiche. Wir können noch in zwei Hauptgruppen unterteilen:

Paare mit vielen gegenseitigen Verstärkungen fühlen sich mit ihrem Partner deshalb besonders wohl, weil er mit ihnen viel gemeinsam hat. Bei solchen Paaren kann man auch feststellen, dass sie nicht so sehr wegen der Anziehung aufgrund von Gegensätzlichkeit zusammen sind, sondern mehr aus dem Wunsch nach Gleichheit heraus. Zugleich ergibt es sich sehr oft, dass nur einer von beiden die betreffende Anlage praktisch lebt. Er lebt sie sozusagen für den anderen mit und wird für diesen damit zur Projektionsfläche. Der Nachteil dessen kommt spätestens bei der Trennung ans Licht, wenn der projizierende Partner die Projektion zurücknehmen muss, weil sein Partner als Projektionsfläche wegfällt. Viele haben schon nach kurzer Zeit wieder einen neuen Partner mit ähnlicher Planeten-Betonung, weil sie es gar nicht schaffen, die Projektion zurückzunehmen. Auf diese Weise bekommt der projizierende Partner kaum jemals die Möglichkeit, seine Anlage selbst zu entwickeln. Lebt nur der eine der beiden Partner eine Anlage wie beispielsweise Mond/Mars (Impulsivität, Handeln aus dem Instinkt), begibt sich sein Partner in eine große Abhängigkeit von ihm. Der eine übernimmt für den anderen das instinktive Handeln, die Impulsivität und die Strategie des Angriffs als beste Verteidigung. Von einem Ruhepol im Sinne der Ausgewogenheit der Kräfte kann dann nicht die Rede sein. Man spürt zwar die Ähnlichkeit, ihr fehlt aber die Dynamik einer auf komplementärer Gegensätzlichkeit beruhenden Planeten-Entsprechung

Eine überwiegend auf Ähnlichkeit beruhende Partnerschaft finden wir bei älteren Jahrgängen häufiger als bei jüngeren. Bei den älteren Jahrgängen hat die auf Gegensätzlichkeit beruhende erotische Spannung in der Regel keine so große Bedeutung wie bei den auf komplementärer Gegensätzlichkeit beruhenden leidenschaftlichen Liebesbeziehungen frisch Verliebter.

Paare, deren Anziehung ausschließlich auf Gegensätzlichkeit beruht, brauchen sich zwar nicht über Langeweile zu beklagen, sie kennen aber nicht so viele gemeinsame Möglichkeiten wie jene, die sich durch viel Ähnlichkeit miteinander verbunden fühlen. Die Anziehung über die persönlich wirkenden Gegensatzpaare wie Sonne/Mond oder Mars/Venus ist grundsätzlich nötig, damit Dynamik in die Partnerschaft kommt. Beispiel: Sie hat Sonne/Uranus-Konjunktion, er Mond/Uranus-Konjunktion wie bei unserem Fallbeispiel Herbert und Angelika.

Die Verstärkung durch Gleiches ist aber ebenso nötig, damit die Partnerschaft einen Ruhepol erhält. Fehlt zugleich Gegensätzliches, bleibt die Beziehung statisch. Außenstehende empfinden eine solche Partnerschaft häufig als tot. Anzeichen dafür ist das

Fehlen von neuen sexuellen Anreizen oder die mangelnde Bereitschaft, dem anderen überraschend Geschenke zu machen. Fehlt hingegen Gleiches, können die Partner keinen Ruhepol miteinander finden. Überwiegt die Anziehung durch komplementäre Ergänzung, werden die Partner wie bei einer Zentrifuge aus der Beziehung hinausgeschleudert. Die meisten Paare ohne gleiche Anlagen trennen sich nach wenigen Jahren, obwohl ihre Beziehung sehr aufregend und abwechslungsreich gewesen sein kann.

Die persönlichen Planeten und ihre Häuserzuordnung unter dem Horizont

Sonne, Mond, Merkur, Venus und Mars bezeichnen wir als die persönlichen Planeten, obwohl Sonne und Mond im engeren Sinn Himmelslichter sind und keine Planeten. Wer mit dem Herrschersystem arbeitet, dem fällt auf, dass die persönlichen Planeten unter dem Horizont, also im ersten und zweiten Quadranten, herrschen, mit Ausnahme der Waage-Venus. Die sechs Häuser unter dem Horizont sind die Betätigungsfelder des Unbewussten. Die beiden Gesellschaftsplaneten Jupiter und Saturn sowie die drei Bewusstseinsplaneten Uranus, Neptun und Pluto herrschen über dem Horizont, also im dritten und vierten Quadranten, wenn man davon absieht, dass nach Auffassung mancher astrologischer Schulen Pluto im 1. (Mars-)Haus als neuer Nebenherrscher ein Mitspracherecht hat.

Die persönlichen Planeten und ihre Platzierung über dem Horizont

Die sechs Häuser über dem Horizont sind die Betätigungsfelder des bewussten Handelns und Denkens und werden den Herrscherplaneten Jupiter (9. Haus), Saturn (10. Haus), Uranus

(11. Haus), Neptun (12. Haus), Pluto (8. Haus) und Xena/Eris[4] (eventuell 7. Haus) zugeordnet. Alle Planeten, die im Horoskop über der Aszendenten-Deszendenten-Achse (= Horizont) liegen, können sich nur über das Bewusstsein manifestieren, auch dann, wenn es persönliche Planeten sind, die dort platziert sind. Sie senden dann ihre Impulse aus dem Reservoir des Unbewussten in Anwendungsbereiche, die bewusstes Handeln erfordern.

Bewusstseinsplaneten, die unter dem Horizont platziert sind

Umgekehrt schlägt ein Bewusstseinsplanet schicksalhafter durch als jeder persönliche Planet, wenn er unterhalb des Horizonts platziert ist. Mit einem Uranus, Neptun oder Pluto in der unteren Horoskophälfte werden wir zu persönlichen Trägern von Bewusstseinsinhalten, die unseren unbewusst-persönlichen Motiven übergeordnet sind. Wir können ihnen nicht entgehen, weil sie schicksalhaft in unser Leben eingreifen, und wir sind Träger ihrer kosmischen Botschaften, ob wir es wollen oder nicht. Aber wir sind ihnen nicht auf die deterministische Weise ausgeliefert, wie uns das die Radio- und Zeitungsastrologie suggeriert, indem sie uns täglich in einen von zwölf Töpfen wirft. Auch die kosmischen Botschaften erreichen jeden einzelnen Menschen in seiner Besonderheit wieder ganz anders als alle übrigen Menschen, auch wenn sie die Sonne vielleicht gerade im selben «Sternzeichen» haben.

Die persönliche Planeten-Polarität in Bezug auf die unpersönlichen Planeten Uranus, Neptun und Pluto

Übertragen auf die Planeten-Polarität im Partnervergleich, deutet die Aspektierung von Sonne, Mond, Venus und Mars mit einem der Bewusstseinsplaneten wie Uranus, Neptun oder

Pluto in den Horoskopen eines Paares auf eine besonders schicksalhafte Verbindung hin, weil das Paar durch ihre Beziehung zum Träger von gemeinsamen Ideen wird, die über das Persönliche hinausgehen. Bei Uranus möchte man freiheitlich und reformerisch, bei Neptun möchte man grenzüberschreitend und mitfühlend, bei Pluto möchte man zielgerichtet und systematisch sein. Auch auf der Häuserebene wirkt eine Planeten-Polarität im Partnervergleich auf bewusstseinsbildende Art schicksalhaft, wenn zum Beispiel einer Uranus im 1. Haus (= Mars) und der andere Uranus im 2. Haus (= Venus) hat. Mit anderen Worten: Uranus wirkt sich bei dem einen Partner in so persönlichen Belangen wie der Durchsetzung eigener ungewöhnlicher Ideen (1. Haus) aus, bei dem anderen in der Reviersicherung durch Geld oder Besitz (2. Haus) mit ausgefallenen Methoden. Es könnte in diesem Fall sein, dass die Partner immer wieder von vorne anfangen, wenn das «Revier» mit seinen materiellen Gütern gewechselt werden soll. Für die Verbesserung der Reviersicherung werden dann Experimente (Uranus) mit ungewissem Ausgang durchgeführt. Vielleicht ist das eine Mal durch eine Fehlspekulation das ganze Geld weg, vielleicht ergibt sich ein anderes Mal ein Riesengewinn durch einen günstigen Verkauf von Grundbesitz. In einem dritten Fall erweisen sich plötzlich die Arbeitsbedingungen an einem veränderten Wohnort als unerwartet gut, womit das «Revier» für eine Weile bestens gesichert ist.

Ein weiteres Beispiel: Der eine hat Pluto im 4. Haus (= Mond), der andere im 5. Haus (= Sonne). Das heißt, die Themen (4. Haus) und Kinder (5. Haus) sind in dieser Partnerschaft an Pluto-Prinzipien gebunden. Das Paar ist besonders auf den Zusammenhalt der eigenen Familie und Sippe bedacht. Diese indirekte Polarität zwischen Planeten- und Häuserebene ist jedoch ein Teilaspekt und noch keine den Grundcharakter einer Beziehung ausmachende Polarität, wie sie auf der Planetenebene zu finden ist. Die betreffenden Planeten wirken jedoch im Einzelnen über die Häuser der Horoskopeigner, woran man erkennt, in welchen Lebensbereichen sie vom Einzelnen verwirklicht werden können.

Bei einer direkten Polarität, die nur auf der Planetenebene stattfindet, haben wir aber immer eine Gesamtwirkung im zwischenmenschlichen Verhalten, die über Einzelbereiche hinausgeht und im Horoskopvergleich meist den Dreh- und Angelpunkt einer Beziehung anzeigt.

Für den Vergleich einer indirekten Polarität zwischen Planeten und Häusern sei darauf hingewiesen, dass die Häuser bei einer Charakterdeutung für die Stellung der sonnenfernen Planeten wichtiger sind als die Zeichen.

Der Unterschied zwischen Sonne/Mond- und Mars/Venus-Polarität

Alle auf den gegengeschlechtlichen Partner gerichteten Anteile im Radix werden in der Regel zumindest zu einem großen Teil vom Partner übernommen.

A) Beim Mann: sein Mond und seine Venus
B) Bei der Frau: ihre Sonne und ihr Mars

In der alten Astrologie war die Venus der Anzeiger dafür, was für eine Frau der Mann heiraten würde. War seine Venus beispielsweise im Skorpion, so würde er eine Frau mit einer Skorpion-Sonne heiraten.

Der Mars der Frau war ein Anzeichen dafür, was für einen Mann sie heiraten würde. War ihr Mars im Stier, dann würde sie einen Mann mit der Sonne im Stier heiraten. Diese Regel hat sich für die psychologische Astrologie als zu spekulativ und zu pauschal erwiesen. Später hat man etwas mehr differenziert und auch gesagt, dass die Sonne den Hinweis darauf gibt, was für einen Mann sie sich als Ehegemahl aussuchen würde, während der Mars etwas darüber aussagen würde, was für ein Mann ihren Träumen entspricht. In der modernen psychologischen Astrologie stellen Anima und Animus einen viel komplexeren Faktor dar. Man könnte es heute so ausdrücken: Die Anima sind die weiblichen Anteile, welche der Mann nicht allein für sich leben kann. Der Animus sind die männlichen Anteile, welche die Frau nicht allein für sich leben kann. Diese werden nun nicht auf irgendjemand projiziert, sondern auf den gegengeschlechtlichen Partner gerichtet. Bei homosexuellen Paaren ist es der gleichgeschlechtliche Partner, wobei einer von beiden den gegengeschlechtlichen Teil übernehmen muss, damit eine gewisse Polarität im Sinne von maskulin und feminin vorhanden ist. Geschieht dies nicht, wird es unübersichtlich.

Die für die Sexualität wichtigen Faktoren sind Mars (Animus) und Venus (Anima). Die für das allgemeine Bedürfnis nach Ergänzung und Ausgleich ausschlaggebenden Faktoren sind Sonne (ebenfalls Animus) und Mond (ebenfalls Anima). Mars und Venus bedeuten zwar sexuelle Anziehung, reichen aber nicht aus, um sich mit dem Partner auch darüber hinaus wohl zu fühlen. Eine gefühlsmäßige Anziehung, die auf Polarität und komplementäre Ergänzung beruht, ist ohne Sonne und Mond nicht möglich. So haben Paare, deren Sonne- und Mond-Entsprechung stimmt, eine bessere Gefühlslage als jene, bei der nur die Mars- und Venus-Entsprechung übereinstimmt. Stimmen die Partner jedoch nicht mit Mars und Venus überein – es kommt zu keiner direkten oder indirekten Entsprechung zwischen den beiden Horoskopen in Bezug auf Mars und Venus –, kann es sein, dass zumindest einer von beiden eine Geliebte oder einen Geliebten nebenbei hat oder sucht oder zumindest seinen Mangel an Erotik über Pornohefte und Pornofilme abzudecken versucht. Die Partnerschaft kommt früher oder später ins Wanken. Stimmen nur Mars und Venus – also die Sexualität und die Erotik – überein, ohne dass es eine gemeinsame Gefühlsgrundlage gibt, springt oft nicht mehr als eine Liebschaft, eine Affäre, dabei heraus, in manchen Fällen auch eine geheime Liebe. Sollte eines Tages der Weg für eine Beziehung mit dem Geliebten frei werden, verschwindet dieser meist sehr schnell, weil er sich nicht voll einlassen kann.

Eine Enttäuschung ist jedenfalls unvermeidbar, wenn sich eine Beziehung ausschließlich auf die komplementäre erotische Anziehung von Mars und Venus gründet. Der Mensch sehnt sich nicht nur nach Eroberung (Mars), Triebbefriedigung (Mars), nach Selbstwertbestätigung (Venus), Verliebtheit und romantischer Erotik (Venus), sondern auch nach Gefühlsaustausch (Sonne und Mond).

Der Unterschied zwischen Häusern und Zeichen

Die Häuser stellen den irdischen Bezug des Menschen her, während die Zeichen den kosmischen Bezug bedeuten und uns zeigen, welche Talente und Veranlagungen wir mitbringen. Die Häuser sind die Anwendungsgebiete in unserem Leben. Schon wenige Minuten Unterschied zwischen zwei Geburten am selben Ort können bei zwei ähnlich geprägten Menschen dazu führen, dass ihre Betätigungsfelder von ihren Anlagen her auseinanderliegen und sie sich deshalb voneinander verschieden entwickeln. Beispiel: Zwei Menschen haben die Sonne in der Jungfrau. Der eine hat sie im 8. Haus, der andere im 9. Haus.

Jungfrau-Sonne in 8: Dieser Mensch benutzt seine Veranlagung zur Ordnungsliebe (Jungfrau), um sein Leben nach Konzepten, Programmen und Prinzipien (8. Haus) auszurichten und um sich eine unangreifbare Basis im Wettbewerb um Macht und Einfluss zu schaffen, und grenzt seine systematisch aufgebaute Position nach außen und gegen konkurrierende Interessengruppen ab. Die Erlangung einer Machtposition innerhalb des wirtschaftlichen und politischen Systems oder der Sippe ist für seinen Selbstwert wichtig. Durch seine Jungfrau-Anlage könnte es sein, dass er Macht im Dienst einer Sache oder eines Zwecks ausübt.

Jungfrau-Sonne in 9: Dieser Jungfrau-Sonnen-Typ brilliert mit scharfsinnigen (Jungfrau) philosophischen oder weltanschaulichen Gedankengängen, die er auf einem Betätigungsfeld verwirklicht, auf dem ein reger Austausch mit andersartigen Menschen oder fremden Kulturen stattfindet (9. Haus). Für ihn ist die ideologische oder System erhaltende Absicherung seiner Sippe oder festen Beziehung und das Erlangen oder Erhalten von gemeinsamem Besitz nicht so wichtig. Er ist nach allen Seiten hin offen und erhält für seine Fähigkeiten zur Völkerverständigung sowie zur Horizonterweiterung durch seine wissenschaftlichen Arbeiten (Jungfrau) Zuspruch und Unterstützung bei vielen verschiedenen Menschen, weshalb er auf so manche (finanzielle oder familiäre) Sicherheit großzügig verzichten kann.

An diesen Beispielen sehen wir, dass erst die Häuser die Bedingungen schaffen, die psychologisch wirklich interessant sind.

Wenn in vergangenen Jahrhunderten die Zeichen mehr beachtet wurden als die Häuser, dann einfach deshalb, weil es meist keine genauen Aufzeichnungen über die Geburtszeit gab. Außerdem galt im Mittelalter der Einzelne nicht so viel wie heute, und man bewertete deshalb die Möglichkeit einer individuellen Lebensgestaltung nicht so stark wie heute. Wenn persönliche Aussagen gemacht wurden, dann eher pauschal und deterministisch. Wir dürfen nicht vergessen, dass der Kulturmensch erst ab der Renaissance, etwa um das Jahr 1500 herum, anfing, sich über das perspektivische Denken und Zeichnen als eigenständige Persönlichkeit voll zu begreifen. Man denke an Botticelli oder Dürer. Heute empfinden wir uns kaum noch als unpersönlichen und dem Schicksal unentrinnbar ausgelieferten Teil des Kosmos, sondern vielmehr als ein einzigartiges Wesen mit starkem irdischem Bezug. Entsprechend genauer sind die Aufzeichnungen über die Geburtszeit, und entsprechend ausgearbeiteter ist die Häuser-Astrologie.

Dies sollte uns natürlich nicht dazu bringen, ins andere Extrem zu fallen und den kosmischen Bezug zu vernachlässigen, den wir über die Zeichen erhalten.

Was ist eine Hauptachsenumkehr?

Deckt sich der Aszendent des einen mit dem Deszendenten des anderen Partners und umgekehrt, spricht man von einer Hauptachsenumkehr (siehe die Fallbeispiele Herta und Martin, Seite xxx, und Aline und Pascal, Seite xxx). Eine anregende Spannung ist hier immer vorhanden. Diese trägt ihren Teil dazu bei, dass die Beziehung nicht einschläft. Bei langjährigen Partnerschaften fällt die große Zahl an Hauptachsenumkehrungen auf. Dies ist nicht verwunderlich. Schließlich ist der Deszendent ein Teil unserer Anima oder unseres Animus. Haben die Partner diese(n) an ihrem Aszendenten, können sich ihre Persönlichkeiten ineinander spiegeln. Und dies bedeutet ein großes Glück für die Beziehung. Stehen die beiden Deszendentenherrscher zusätzlich in einem günstigen Synastrieaspekt zueinander, kommt eine Achsenumkehr noch harmonischer zum Zug. In vielen Fällen kommt noch eine Umkehr der IC/MC-Achsen vor, wobei ebenfalls darauf zu achten ist, wie die jeweiligen Herrscher des 4. und des 10. Hauses im Zwischenaspekt zueinander stehen.

Im Unterschied zur Achsenumkehr gibt es in nicht wenigen Partnerschaften eine Quadratstellung zwischen Aszendent/Deszendent des einen mit Aszendent/Deszendent des anderen. Damit überfordern sich die Partner leicht, da es sich um unverträgliche Zeichen handelt. Es muss aber deshalb nicht zwangsläufig heißen, dass solche Beziehungen keine Zukunft haben. Die Wahrscheinlichkeit, dass die Partner viel streiten, ist aber schon sehr hoch. Haben die Aszendenten-/Deszendentenherrscher überdies Quadrate miteinander in der Synastrie, dürfte eine solche Beziehung sehr dissonant verlaufen.

Die Bedeutung gemeinsamer Häuserstellungen

Im Vergleich zwischen zwei Geburtshoroskopen kann es zu Übereinstimmungen in der Häuserbesetzung durch Sonne, Mond und Planeten kommen.

Haben Mann und Frau relativ wenig Gemeinsamkeiten vom Temperament und von ihren Talenten her, dann wird das häufig als ungünstig für die Partnerschaft angesehen. Liegt aber der Zusammenhalt in den gemeinsamen Betätigungsfeldern und Zielen, können auch zwei unterschiedlich veranlagte Menschen zusammenfinden und beieinander bleiben.

In meiner Praxis zeigen Ludwig und Roswitha drei gemeinsame Hausstellungen in ihren Horoskopen. Beide haben sie die Sonne im 11. Haus, den Mond im 8. Haus und den Jupiter im 4. Haus. Die Sonne im 11. Haus weist auf die gemeinsamen gesellschaftlichen Ideale von sozialer Gerechtigkeit und Chancengleichheit hin. Man ist selbst Wegbereiter von Reformen oder Mitglied einer Bewegung, die Reformen anstrebt und durchführt. Mit dem Mond im 8. Haus sind sie auf eine gleiche Ernährungsweise eingestellt und offen für die Lebensgewohnheiten des anderen. Die Mond-Prinzipien des einen sind zugleich die des anderen. Mit dem Jupiter im 4. Haus sind sie dem gemeinsamen Wohnen gegenüber optimistisch eingestellt und möchten gern großzügig zusammen wohnen. Sie haben entweder einen Garten oder einen Zweitwohnsitz. Das Verreisen ist auch eine Möglichkeit, weil sich mindestens einer von beiden am immer selben Ort eingeengt fühlt nach dem Motto: Nach einer Reise, einem Ausflug oder einer gelegentlichen Abwesenheit vom Wohnort weiß man den Wert der Heimat besser zu schätzen. Jupiter im 4. Haus kann auch nationalistische Neigungen anzeigen. In diesem Fall sorgt aber die Sonne im 11. Haus dafür, dass man auch Menschen anderer Herkunft gegenüber tolerant und aufgeschlossen eingestellt ist, solange man nicht ständig mit ihnen zusammen ist.

Häuservergleiche zwischen den Horoskopen der Partner zeigen immer wieder, dass gemeinsame Betätigungsfelder einer Ehe oder Beziehung auch in der heutigen Zeit mehr Dauerhaftigkeit verleihen.

Für eine praxisorientierte psychologische Interpretation sind die Planetenstellungen in den Häusern aufschlussreicher als in den Zeichen. Damit unterscheidet sich die neuere psychologische und erfahrungswissenschaftliche Astrologie von jener, die nur kosmisch festgelegte Anlagen miteinander vergleicht, aber keine Entwicklungsmöglichkeiten über die Häuser anbietet.

Die Vorgehensweise Schritt für Schritt

Bei der hier vorgestellten Methode empfiehlt es sich, neben den in der herkömmlichen Partnerschaftsastrologie bekannten Vorgehensweisen von Anfang an den Blick mehr auf die Planeten-Polarität und auf Verstärkungen durch Gemeinsames im Partnervergleich zu werfen.

Ich behalte bei der Deutung diese Regeln der klassischen Partnerschaftsastrologie im Hinterkopf:

- Wie sind die vier Elemente in den Horoskopen der Partner verteilt? Ich achte darauf, ob die Elementverteilung zwischen den Partnern günstig ist.
- Ich betrachte den Aszendenten, merke mir die Zeichenstellung von Planeten in Konjunktion zum Aszendenten und setze sie in das Horoskop des Partners, um zu sehen, ob es zu Zwischenaspekten kommt. Außerdem achte ich darauf, in welches Haus des Partners sie fallen. Dasselbe gilt für Planeten in Konjunktion mit dem Deszendenten.
- Wenn keine Planeten in Konjunktion zum Aszendenten stehen, beachte ich die Stellung des Aszendentenherrschers. Bei den Zeichen am Aszendenten, die einen neuen Herrscher bekommen haben, beachte ich auch die Stellung des alten Herrschers. (Im Falle von Skorpion ist dies Mars). Ich achte darauf, ob der Aszendentenherrscher Aspekte zu Planeten des Partners aufweist und in welches Haus des Partners er fällt. Dasselbe mache ich mit dem Deszendentenherrscher.

- Dann achte ich auf gleiche Platzierungen von Planeten in den Häusern. Mit anderen Worten: Wenn einer der Partner zum Beispiel Jupiter in 4 hat und der andere auch (obwohl bei ihm Jupiter in einem anderen Zeichen steht), dann ist das eine gemeinsame Häuserplatzierung und damit ein gemeinsames Betätigungsfeld im engeren Wirkungskreis (4. Haus).
- Ich achte auf die Stellungen von Sonne und Mond im Partnervergleich.

Die Ermittlung der Planetenpolarität

- Ich achte zuerst auf die *Himmelslichter Sonne und Mond*, dann auf Venus und Mars. Stehen sie in einem Hauptaspekt zueinander oder zu anderen Planeten im Horoskop in einem Aspekt wie Konjunktion, Quadrat, Opposition oder Sextil, merke ich mir dies und schaue sofort im Partnerhoroskop nach, ob es dort auch einen Hauptaspekt zwischen zwei solchen Planeten gibt. Ein Beispiel dafür wäre: Der eine Partner hat eine Venus/Neptun-Konjunktion, der andere ein Venus/Neptun-Quadrat. Entdecke ich eine solche Entsprechung in beiden Horoskopen, ist das eine *Gemeinsamkeit durch Verstärkung*. Ein anderes Beispiel wäre: Der eine hat ein Venus/Saturn-Quadrat, der andere eine Mars/Saturn-Opposition. Entdecke ich eine solche Entsprechung in beiden Horoskopen, ist dies eine Anziehung, die auf *Ergänzung der Gegensätze* (Polarität) beruht.
- Wenn ich schon eine solche *Entsprechung* entdeckt habe, mache ich mich daran, herauszufinden, ob es noch *eine zweite davon* gibt. Wenn ja, dann weiß ich, wo der Dreh- und Angelpunkt einer Beziehung liegt.
- Sind die zwei Planeten, die eine Gemeinsamkeit als Verstärkung oder eine Gegensätzlichkeit im Sinne komplementärer

Ergänzung darstellen, in der *Synastrie* gut aspektiert, weiß ich auch, wo der direkte «Draht» zwischen den Partnern verläuft, der sie mit ihrem Dreh- und Angelpunkt verbindet. Gibt es keine solchen Zwischenaspekte, ist ein gegenseitiges Aufeinander-Eingehen zwar nicht so direkt möglich. Die mit dem Dreh- und Angelpunkt verbundenen Eigenschaften kommen in den Lebensbereichen jedoch immer zum Ausdruck, den die Häuser der Partner im gegenseitigen Vergleich anzeigen. Ich achte also darauf, in welche Häuser die verstärkenden oder ergänzenden Planeten des Partners fallen, welche den Dreh- und Angelpunkt im Sinne einer Verstärkung oder Ergänzung durch Polarität ausmachen. Damit habe ich die wichtigsten persönlichen Entsprechungen entdeckt.

- Finde ich unter den Himmelslichtern Sonne und Mond und den persönlichen Planeten Venus und Mars keine Entsprechungen zwischen beiden Horoskopen dieser Art, wende ich mich den *Gesellschaftsplaneten Jupiter und Saturn* zu und prüfe, ob einer der beiden Horoskopeigner zum Beispiel Mond/Saturn im Aspekt hat und der andere Mond/Jupiter. Ein anderes Beispiel wäre: Der eine hat einen Mars/Saturn-Aspekt im eigenen Horoskop, der andere einen Mars/Jupiter-Aspekt. Diese Entsprechungen zwischen den beiden Horoskopen würden eine gesellschaftliche Thematik anzeigen, welche die Partner auf persönliche Art miteinander verbindet. Ich achte hier auch darauf, ob Zwischenaspekte vorhanden sind und in welchen Häusern des Partners die betreffenden Planeten liegen.
- Finde ich über Sonne, Mond, Venus, Mars, Jupiter und Saturn keine Entsprechungen, prüfe ich, ob über *Uranus und Neptun* welche zu finden sind. Beispiel: Einer hat eine Sonne/Uranus-Konjunktion, der andere eine Sonne/Neptun-Konjunktion. Die Entsprechung findet in diesem Fall nur in unpersönlichen Bereichen auf der Ebene kultureller Einflüsse statt. Es ist zumindest eine Anregung zwischen den Partnern

vorhanden, die entweder als bereichernd oder als störend empfunden wird, je nachdem, wie die anderen Betonungen ausfallen. (Diese Entsprechung ist nicht zu verwechseln mit einer persönlichen Verstärkung oder Ergänzung, wie sie in Punkt 1 beschrieben ist!)

- Habe ich sowohl auf der persönlichen Ich-Ebene von Sonne und Mond als auch auf der persönlichen Begegnungsebene von Venus und Mars als auch auf der gesellschaftlichen Ebene von Jupiter und Saturn und auf der geistigen Ebene kultureller Einflüsse von Uranus und Neptun Planeten-Entsprechungen gefunden, ist das optimal. In den meisten Fällen langjähriger Partnerschaften finden sich in einer bis zu zwei Ebenen Entsprechungen. Das reicht gewöhnlich aus, um den Dreh- und Angelpunkt zu finden, um den sich eine Partnerschaft bewegt.

Fallbeispiele

Vorbemerkung

Alle Fallbeispiele in diesem Buch sind authentisch und entstammen meiner Arbeitspraxis als astrologischer Kursleiter und Berater vorwiegend in den 1990er-Jahren. Die Paare sind über Jahre wiederholt von mir beraten und beobachtet worden. Ich habe die Namen der Personen aus Gründen des Persönlichkeitsschutzes geändert.

Monika und Bernhard

Anziehung durch Polarität: etwa 90 %

Verstärkung durch Gleiches: etwa 10 %

Grundthema der Beziehung: Ein in der Liebe unerfahrenes junges Paar erfährt Anreize durch den Wechsel zwischen Nähe und Distanz und durch Reise-Abenteuer.

Polar

Sie hat eine Mars/Jupiter-Konjunktion, er eine Venus/Jupiter-Konjunktion.

Das auf der Kontakt- und Körperebene polar zueinander stehende Planetenpaar Mars und Venus ist bei Monika und Bernhard jeweils mit dem Gesellschaftsplaneten Jupiter aspektiert. Diese gegengeschlechtliche Entsprechung zwischen den Partnern schafft ein optimistisches Beziehungsklima. Seine Anima, die Venus, kommt über ihren Animus, den Mars, zur Ergänzung. Beide spiegeln sich ineinander. Da Jupiter auch für die Weltanschauungen eines Menschen steht, fühlen sich die Partner durch den anderen in ihrer Lebenseinstellung weitgehend bestätigt und können sich gegenseitig Anstöße im philosophischen Gedankenaustausch und für Reiseziele geben.

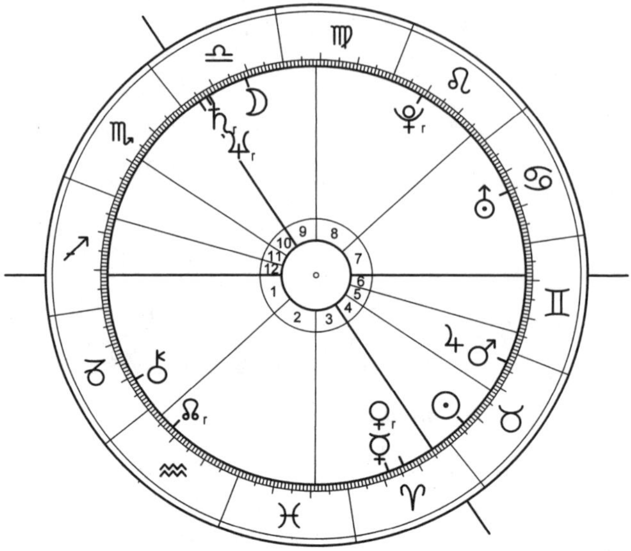

Abb. 1: Monika

Sie hat ein Venus/Uranus-Quadrat, er ein Mars/Uranus-Quadrat.

Das auf der Kontakt- und Körperebene polar zueinander stehende Planetenpaar Mars und Venus ist bei Monika und Bernhard jeweils mit Uranus aspektiert. In ihrem Fall ist eine Anziehung vorhanden, obwohl es zu keiner Spiegelung zwischen ihrem Animus und seiner Anima kommt. Sie wird mit ihrer Weiblichkeit konfrontiert, er mit seiner Männlichkeit. Diese leichte Irritation kann wohltuend davon überlagert werden, dass sie seine weiblichen Anteile spürt und er ihre männlichen Anteile. Über Uranus kommt ein Ausgleich auf der Bewusstseinsebene der plötzlichen Ideen und Vorstellungen zustande, die man ausprobieren will. Die Geschlechter-Zugehörigkeit spielt bei Mars- und Venus-Kontakten zu Uranus ohnehin eine geringe Rolle. Man probiert gern die verschiedenen und manch-

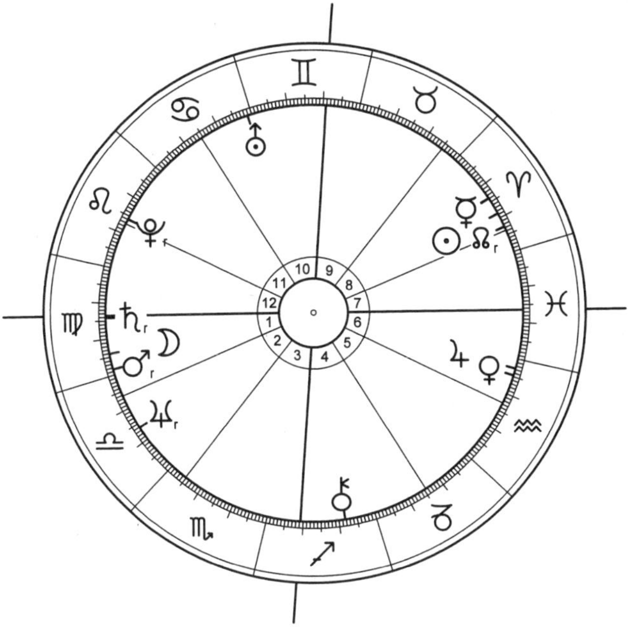

Abb. 2: Bernhard

mal verrückten Möglichkeiten aus, welche die Liebe im sexuellen Bereich bietet. Uranus ist im Übrigen sehr aufgeschlossen für Sex im Freien oder an ausgefallenen Orten.

Gleich

Seine Sonne und ihr Aszendent stehen in Feuerzeichen. Das ist nur eine indirekte Gemeinsamkeit auf der Zeichen- und der Häuserebene.

Ihre Sonne und sein Mond stehen in Erdzeichen. Dies ist nur eine indirekte Polarität auf der Zeichenebene.

Fazit: Es fehlt Gleiches auf der Planetenebene. Damit fehlt den Partnern ein wichtiger Ruhepol.

Die Geschichte ihrer Partnerschaft

Als sich Monika und Bernhard mit Anfang 20 auf einer Auslandsreise kennen lernten, war es ungewiss, ob sie sich bald wiedersehen würden. Da ihre Wohnorte 600 Kilometer weit auseinander lagen, wäre diese Bekanntschaft vermutlich im Sande verlaufen, wenn sie sich nicht beide am selben Ort angesiedelt hätten: Monika für eine Fortbildung und Bernhard für sein Studium. Die Tatsache, dass es sich in den ersten eineinhalb Jahren nur um eine Freundschaft handelte, könnte bei der für eine sexuelle Beziehung günstigen Planetenbesetzung ihrer Geburtshoroskope zunächst paradox wirken. Das Paar zögerte sogar, sich auf mehr als eine Kameradschaft einzulassen, obwohl Monika durchaus für einen engeren Kontakt bereit gewesen wäre, wenn Bernhard besser «gezogen» hätte. Offenbar brauchten die beiden aber so günstige Mars/Venus-Stellungen im Horoskopvergleich miteinander, um überhaupt einmal aus ihrer Hemmung herauszukommen. Während bei Monika ein schwaches Selbstwertgefühl für ihre geringe Erwartungshaltung jungen Männern gegenüber die Ursache ihrer Hemmungen war, glaubte Bernhard nicht, dass eine sexuelle Beziehung mit Monika überhaupt schön sein könnte. Er hatte sich durch eine ungeschickte Partnerwahl bei anderen jungen Frauen ziemlich die Finger verbrannt und deshalb bis zu seinem 21. Lebensjahr keine wichtigen und aufbauenden Erfahrungen sammeln können.

Bernhard war ein fantasievoller und etwas verträumter Teenager. Da sich die Mutter sehr auf ihr einziges Kind konzentrierte, war Bernhard etwas überbehütet und verliebte sich mit 20 Jahren zum ersten Mal. Die junge Frau wohnte aber sehr weit weg und entglitt ihm, kurz bevor er Monika kennen lernte. Diese schlechte Erfahrung wirkte anfangs in seine Beziehung mit Monika hinein und beschäftigte ihn noch lange. Das frustrierende Erlebnis verschwand erst ganz aus seinem Gedächtnis, als er mit Monika eine sexuelle Beziehung anfing. Diese war sehr heilsam für beide.

Den größten Anreiz bot ihnen ihre getrennte Wohnsituation mit der Möglichkeit, sich jederzeit vom Partner für einige Tage distanzieren zu können und immer alles in Frage stellen zu können, was sie miteinander verband. So etwas ist typisch für Partner, die in ihren Geburtshoroskopen Quadrate zwischen Venus und Uranus beziehungsweise Mars und Uranus haben. Die größte Überraschung bestand für Bernhard darin, dass für ihn das Vorspiel und der Geschlechtsverkehr wichtig wurden, obwohl er sich in der ersten Zeit gar nicht vorstellen hatte können, dass er mit Monika jemals eine andere Beziehung als nur eine Freundschaft haben könnte. Für das Gelingen der sexuellen Beziehung war eindeutig die Mars/Venus-Polarität in Verbindung mit Jupiter und Uranus verantwortlich. Es war ihrer beider Schicksal, mit einem gegengeschlechtlichen Partner zusammenzutreffen, der genau die richtige astrologische Entsprechung mitbrachte, um den anderen aus der sexuellen Reserve zu locken.

Außerdem sorgten die Mars/Jupiter-Konjunktion beziehungsweise die Venus/Jupiter-Konjunktion für gemeinsamen Abenteuersinn und die Möglichkeit, sich gegenseitig geistig zu bereichern. Jupiter zeigt an, in welche weltanschauliche Richtung sich jemand entwickelt. Für die Dauer ihrer Partnerschaft trug Jupiter in der polaren Entsprechung über Mars und Venus viel dazu bei, dass beide Partner ihre Ideen mit Optimismus in die Tat umsetzen konnten und auf Reisen einige Abenteuer miteinander erlebten, die für ihr restliches Leben unvergesslich wurden.

Die «seitenverkehrte» Rolle beim Sex durch Mars/Venus-Vertauschung

Wenn wir wissen wollen, auf welche Weise sich die Mars/Venus-Polarität in diesem Partnervergleich im Einzelnen auswirkte, müssen wir einen wichtigen Zwischenaspekt berücksichtigen:

ihren Mars im Quadrat zu seiner Venus. Ein Quadrat deutet ja darauf hin, dass etwas nicht reibungslos geht. Außerdem sind die Geschlechterrollen oft vertauscht, wenn zwischen dem Mars der Frau und der Venus des Mannes dieser «heiße Draht» einen Energie-Austausch mit umgekehrten Vorzeichen hervorruft. Die polare Anziehung funktioniert auf der sexuell-körperlichen Ebene auch «seitenverkehrt». Bei Zwischenaspekten ist es grundsätzlich einfacher, wenn der Mann der Mars-Partner und die Frau der Venus-Partner ist. In unserem Fall konnte die Energie, sprich die Libido, aber auch dadurch fließen, dass Monika mehr die männliche Rolle und Bernhard mehr die weibliche Rolle beim Sex übernahm. Wie sich herausstellte, war dies auch kein Problem für die beiden. Er fand es wohltuender, wenn sie beim Sex oben saß, während er, auf dem Rücken liegend, so animiert wurde, dass er die passivere Rolle mit großer Freude einnahm. Für Monika war es ganz selbstverständlich, dass dies die einzige Art war, sich auf einen Partner sexuell einzulassen. Mit dem Quadrat ergab es sich jedoch, dass die beiden nicht immer Lust auf Sex miteinander hatten, obwohl äußerlich alles gepasst hätte. Später stellte sich heraus, dass sie beide auf diese eingespielte Variante ziemlich festgelegt waren. Dass die Sexualität doch noch zu einer bedeutenden Komponente im Gefühlsaustausch zwischen Monika und Bernhard wurde, liegt aber vor allem an der Planeten-Polarität im Horoskopvergleich und nicht so sehr an diesem einen Mars/Venus-Quadrat in der Synastrie. Ihre Mars/Jupiter-Konjunktion in Gegenüberstellung zu seiner Venus/Jupiter-Konjunktion gab den qualitativen Inhalt für einen Energie-Austausch, der über das an sich für Reibung sorgende Quadrat zufällig eine direkte Leitung fand. Das Entscheidende liegt in der gegenseitigen Spiegelung zwischen seiner Anima (Venus) und ihrem Animus (Mars), für die Jupiter der gemeinsame Nenner ist.

Auch was Reisen und gemeinsame Unternehmungen betraf, war Monika ziemlich auf ihre eigenen Vorstellungen fixiert. Wenn er einen anderen Vorschlag machte, versuchte sie, ihn auf ihren Vorschlag einzustimmen. Gelang es ihr nicht, kam meist nichts Gemeinsames zustande und beide unternahmen etwas getrennt voneinander. Darin zeigt sich auch, dass es ein Quadrat und kein Trigon oder Sextil war, das Monikas Mars mit Bernhards Venus verband. Monikas Sturheit in Bezug auf gemeinsame Unternehmungen resultiert auch daraus, dass sich ihre Mars/Jupiter-Konjunktion im fixen 5. Haus befindet. Wie die Bezeichnung «fix» schon sagt, ist man mit Planeten in einem fixen Haus nicht flexibel oder anpassungsfähig in den angesprochenen Lebensbereichen, sondern auf die Umsetzung eigener Konzepte bedacht. Nun ist das 5. Haus (Sonnen-Haus) für aktive Unternehmungen zuständig, außerdem auch für Erotik und kreative Hobbys sowie für Freude an eigenen Kindern. Monikas Ankündigung, nie eigene Kinder haben zu wollen, sondern, wenn überhaupt, dann fremde Kinder zu adoptieren, passte nicht in Bernhards Vorstellung von der für ihn passenden Frau.

Die Gelegenheit zur Untreue

Als seine Studienzeit vorbei war, verließ Bernhard den gemeinsamen Wohnort, um in seine Heimat zurückzukehren, während Monika wegen ihrer Ausbildung noch ein Jahr blieb. Sie erwartete, dass er ihretwegen noch ein Jahr länger blieb, und machte den Fortbestand ihrer Liebesbeziehung davon abhängig, ob er diesem Wunsch nachgab. Damit setzte sie ihn unter Druck, was er mit seinem Mars/Uranus-Quadrat nicht vertrug, und sie trieb ihn damit unbeabsichtigt in die Arme einer anderen jungen Frau. Zufällig stand sie eines Tages mit ihm vor der verschlossenen Tür eines gemeinsamen Bekannten, dem sie beide, scheinbar wie verabredet, einen Überraschungsbesuch machen wollten. Sie lud ihn spontan in ihre Wohnung ein und verführte ihn zum Sex. Seine Verführerin war ein ganz anderer Frauentyp als Monika, weshalb er es zunächst ganz spannend fand. Aber schon beim zweiten Mal fand er es langweilig und vermisste seine gewohnte Partnerin. Wie es der Zufall wollte, tauchte Monika am selben Tag unangemeldet in seiner Wohnung auf, als er schon eine Weile von seiner «Verführerin» mit einem leicht frustrierten Gefühl zurück war. Trotz der Verstimmung wegen seines geplanten Wohnortwechsels legte sie es sogleich darauf an, ihn sexuell zu stimulieren. Es war fast wie ein Überfall. Mit einigen routinierten Bewegungen hatte sie ihn zur Erektion und schließlich zum gewohnten Koitus gebracht. Dass er noch kurz zuvor bei einer anderen Frau gewesen war, spürte sie nicht. Sie wollte sich ihrerseits Bernhard noch warm halten, obwohl sie bereits mit einem anderen Mann zwecks gemeinsamer Berufspläne liebäugelte. Aber so lange sie sich mit diesem Mann noch nicht sicher fühlte, wollte sie sich durch Bernhard den Rücken stärken.

Die Geschichte von Monika und Bernhard verdeutlicht die Dramatik einer Venus/Mars-Entsprechung über Uranus. Da beide Partner keine solche Partnerschaft mehr erlebten, blieb ihnen diese noch nach Jahren in starker Erinnerung. Die Partnerschaft scheiterte schließlich daran, dass sich die beiden nach der Rückkehr in ihre Heimatorte und Monikas Affäre mit ihrem Studienkollegen nicht einigen konnten, wer zu wem ziehen sollte. Keiner von beiden wollte seine angestammte Wohngegend aufgeben. Die dritte Option eines gemeinsamen Wohnortes bot sich ebenfalls nicht mehr an. Entscheidend war auch, dass Bernhard Monikas Liebschaft mit dem Studienkollegen zu lange dauerte. In dieser Zeit waren Bernhards Gefühle für sie so stark abgekühlt, dass ein Anknüpfen an die frühere Vertrautheit nicht mehr möglich war. Das Paar hatte schon in den schönen gemeinsamen Jahren keinen Ruhepunkt gefunden. Es fehlten gleiche Merkmale in ihren Horoskopen. Eine weitere Schwierigkeit bestand darin, dass Monikas Sonne unaspektiert war und auch keinen Zwischenaspekt zu einem Planeten von Bernhard bildete. Eine indirekte Entsprechung von ihrer Sonne zu seinem Mond bestand immerhin dadurch, dass beide in Erdzeichen standen. Ein Aspekt wäre aber in einem solchen Fall das Mindeste, um Sonne und Mond zum komplementären Ausgleich zwischen den Partnern zu bringen. Die Opposition zwischen seiner Sonne und ihrem Mond in den befreundeten Elementen Feuer und Luft wirkte dagegen etwas belebender, da es sich um einen richtigen Zwischenaspekt handelte.

Angelika und Herbert

Anziehung durch Polarität: etwa 80 %

Verstärkung durch Gleiches: etwa 20 %

Grundthema der Beziehung: Ein überwiegend durch Gefühle bestimmtes Paar in ständiger Aufbruch- und Umbruchstimmung. Den Partnern wird nie langweilig, und sie haben trotzdem das Gefühl, sich auf den anderen verlassen zu können.

Polar

Sie hat eine Sonne/Venus-Konjunktion,
er eine Sonne/Mars-Konjunktion.

Sie hat eine Sonne/Uranus-Konjunktion,
er eine Mond/Uranus-Konjunktion.

Sie hat eine Mond/Neptun-Konjunktion,
er eine Mond/Uranus-Konjunktion.

Sie hat ein Venus/Jupiter-Sextil,
er ein weites Venus/Saturn-Sextil.

Sie hat ein Venus/Jupiter-Sextil,
er hat ein Mars/Jupiter-Sextil

Sie hat ein Sonne/Jupiter-Sextil,
er ein Mond/Jupiter-Quadrat.

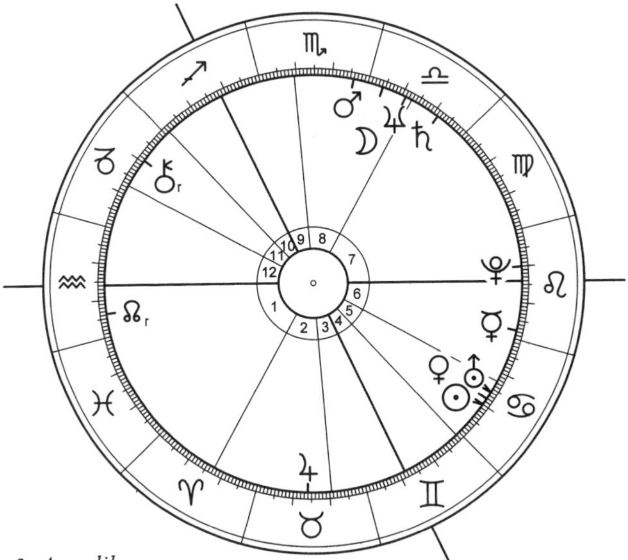

Abb. 3: Angelika

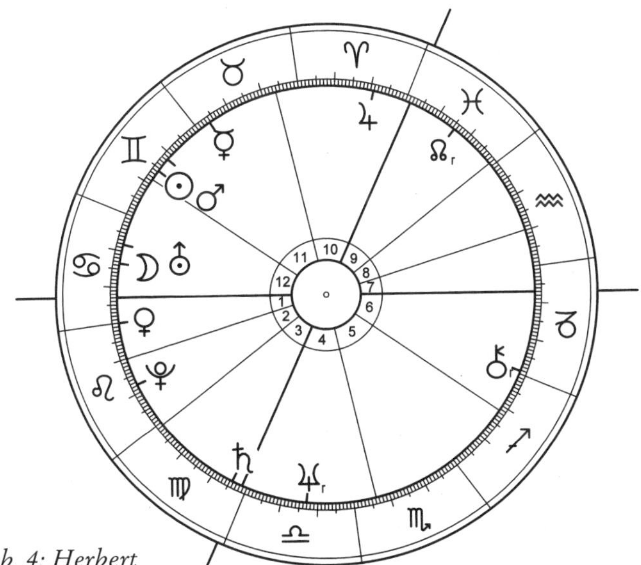

Abb. 4: Herbert

Mit so vielen polaren Planeten-Konstellationen, die auf die Beziehung von Angelika und Herbert auf verschiedenen Ebenen sehr anregend wirken, kann sich dieses Paar auf verschiedenen Ebenen gleichzeitig entwickeln. Auf der Ich-Ebene der Sonne kommt ihre gegenseitige erotische Anziehung – bei ihr über Venus, bei ihm über Mars – zum Ausdruck, obwohl die Anziehung nicht über die gegenseitige Spiegelung zwischen seiner Anima und ihrem Animus läuft. Es ist immer noch genug sexuelle Anziehung vorhanden. Auf der Bewusstseinsebene durch Uranus kommt seine Anima (Mond) mit ihrem Animus (Sonne) zum Ausgleich. Sie bestärken sich damit gegenseitig zu Freiheit in ihren Unternehmungen und zu Experimentierfreude. Sie spiegeln sich damit auch gefühlsmäßig ineinander.

Venus in Verbindung mit Jupiter und Saturn bewirkt auf der Gesellschaftsebene, dass beide wissen, was sie einander wert sind und dass sie zwar im anderen keinen Traumpartner gefunden haben, aber den besten Lebenspartner, um in praktischen und finanziellen Dingen (Venus) miteinander auszukommen. Mit Jupiter in Verbindung mit ihrer Sonne und seinem Mond reagiert Angelika großzügig, wenn Herbert im Gefühlsüberschwang manchmal über das Ziel hinausschießt.

Gleich

Sie hat ein Venus/Saturn-Quadrat, er ein weites Venus/Saturn-Sextil. Mit einer Gemeinsamkeit haben Angelika und Bernhard einen Ruhepol in der starken Dynamik der sie anziehenden Gegensätze. Die Venus/Saturn-Aspekte bewahren sie vor der Versuchung, die Beziehung durch Seitensprünge zu gefährden. Die Sonne/Jupiter-Sextile brauchen beide dringend, wenn nach aufreibenden Alltagsgeschäften oder beruflichen Rückschlägen wieder Harmonie einkehren und Zuversicht aufkommen soll. Eine indirekte Verstärkung ist seine Sonne/Mars-Konjunktion im 11. Haus (Wassermann-Haus), die gut zu ihrem Wassermann-Aszendenten passt.

Die Geschichte ihrer Partnerschaft

Angelika und Herbert lernten sich in einem Lokal kennen. Er gefiel ihr auf Anhieb, weshalb sie ihn ansprach. Obwohl sie sich sehr schnell gut verstanden, sagte er ihr zunächst, dass er nicht wisse, ob er diese Partnerschaft wolle. Schließlich hätte er keine Gelegenheit gehabt, sich zu überlegen, ob Angelika der richtige Frauentyp für ihn sei, weil sie ihm mit ihrer Entscheidung für ihn zuvorgekommen war. Im Nachhinein betrachtet, war es wohl das Bessere für ihn. Durch die Quadrate seines Mondes zu Jupiter und Neptun hatte Herbert anfangs immer zu viele Erwartungen an die Partnerin, die von den Frauen nicht erfüllt werden konnten. Außerdem kann seine Art, sich einzubringen, mit einer Mond/Uranus-Konjunktion niemals konventionell sein. Insbesondere weil der Mond als Aszendentenherrscher im Horoskop von Herbert eine Schlüsselrolle einnimmt, muss er das Außergewöhnliche von Uranus auf gefühlvolle und zugleich bizarre Weise ausdrücken. Mit Venus im 1. Haus möchte er sich in Anwesenheit einer für ihn interessanten Frau gern vor anderen Menschen darstellen und beweisen. Auch mit seiner nach außen hin etwas forschen Art zu kommunizieren (Sonne/Mars-Konjunktion in den Zwillingen) schlug er einige empfindsame Damen schnell in die Flucht. Angelika war aber schon eine gereifte Frau und hatte eine fast erwachsene Tochter von einem anderen Mann, von dem sie sich später scheiden ließ. Angelika schien einiges in Kauf zu nehmen, um wieder eine neue Partnerschaft zu haben. So kam es am Anfang von Herberts Beziehung zu Angelika oft vor, dass er vor Freunden bekundete, nicht in sie verliebt zu sein, weil sie nicht seine Traumfrau sei. Obwohl diese Aussagen nicht gerade schmeichelhaft für sie waren, zeigte sie sich nicht allzu beunruhigt darüber. Sie spürte, dass seine Gefühle nicht unbedingt mit dem übereinstimmten, was er nach außen hin demonstrierte. Auch dann, wenn er in ihrer Gegenwart offenkundig mit anderen Frauen flirtete, war das zwar ein etwas saurer Apfel, in den sie beißen musste, und man darf sich wundern, dass eine Frau mit Krebs-Betonung dies mitmachte, ohne ernsthaft und dauerhaft beleidigt zu sein.

Mit ihrem Wassermann-Aszendenten und dem Merkur/Mars-Quadrat fasst sie andere aber auch nicht immer mit Samthandschuhen an. Die Sonne/Uranus-Konjunktion lässt sie die Dinge direkt und schonungslos ansprechen, wenn ihr andere Menschen nicht offen und ehrlich begegnen. Ihr Pluto am Deszendenten sorgt jedoch dafür, dass dies nicht so offen herauskommt, wie sie denkt, zumal er Angelika am absteigenden Mondknoten im 7. Haus eine taktisch kluge und diplomatische Komponente gibt. Tatsächlich kam sie in Herberts Gegenwart immer in die Rolle der diplomatischen Beschwichtigerin und hintergründigen Verhandlerin. Da Herbert im Umgang mit Kunden und Geschäftsleuten immer wieder ins Fettnäpfchen trat, entwickelte sie Qualitäten, die man ihr von den Hauptbetonungen in ihrem Horoskop her nicht unbedingt zutrauen würde. Es liegt nahe, dass sie einen Teil ihrer Aggressionen auf Herbert projizierte. Mit ihrem Waage-Mond und der Sonne/Venus-Konjunktion kann sie ihren Zorn nicht so scharf in Worte fassen, wie man das bei ihrem Merkur/Mars-Quadrat vermuten würde. Ihre besten Möglichkeiten liegen darin, in relativ ästhetischer Form (Venus) bestimmend aufzutreten und ihre Anliegen mit sachlichen Argumenten vorzubringen.

Das Sonne/Saturn-Quadrat half ihr dabei, nüchtern zu bleiben und sich zu mäßigen, wenn Herbert in Gegenwart dritter Personen entweder zu schmeichlerisch auftrat oder sich zu sehr ereiferte. Während sie etwas unterkühlt wirkt, scheint er der warmherzigere Mensch zu sein.

Da die Sonne in Verbindung zu Uranus selbstständiges Unternehmertum anzeigt, verwundert es nicht, dass Angelika, die früher im Krankenwesen gearbeitet hatte, in Herberts freiberufliche Tätigkeit als Gaststätten-Pächter einstieg, für die ihm bisher noch die richtige Partnerin gefehlt hatte. Angelika konnte nun ihre Anlage zum freien (Uranus) Unternehmertum

(Sonne) gewinnbringend (Venus) einsetzen. Obwohl das Geschäft Schwankungen (Krebs/Mond) unterworfen war und sie den Arbeitsort öfter wechseln (Uranus) mussten, weil das Geschäft saisonabhängig war, hatte Angelika nie mehr das Bedürfnis, in Anstellung zu arbeiten. Mit einem Wassermann-Aszendenten ist ein Leben ohne Abwechslung für sie ohnehin schwer vorstellbar.

Da sie mit ihrer Krebs-Betonung (Sonne/Venus/Uranus-Konjunktion in Krebs im 5. Haus) häuslich ist, kommt ihr Herberts Krebs-Aszendent entgegen. Das Wohnen an vielen beruflich interessanten Orten ist somit eine gemeinsame Neigung. Mit seiner Zwillinge-Sonne kann sich Herbert gut auf Angelikas Luft-Aszendenten einstellen.

Dieses Beispiel zeigt, dass genug Gemeinsamkeiten in den Interessen durch polare Entsprechungen von Anima und Animus ein breites Betätigungsfeld bieten.

Hilde und Max

Anziehung durch Polarität: etwa 60 %

Verstärkung durch Gleiches: etwa 40 %

Grundthema der Beziehung: Eine ziemlich patriarchale Ehe, die aus dem Bedürfnis nach materieller Sicherheit jahrzehntelang trotz wiederholter Untreue beider Partner aufrecht erhalten wurde.

Polar

Sie hat ein Sonne/Saturn-Trigon (zusätzlich: Sonne im Steinbock), er ein Sonne/Jupiter-Quadrat.

Sie hat ein Mond/Saturn-Trigon (zusätzlich: Mond im Steinbock), er eine Mond/Jupiter-Konjunktion.

Sie hat ein Mars/Uranus-Quadrat, er ein Mars/Neptun-Trigon.

Sie hat ein Mars/Jupiter-Trigon, er eine Mars/Saturn-Konjunktion.

Die Anziehung durch Polarität wirkt bei Hilde und Max nicht sehr persönlich, da sie über die Gesellschaftsplaneten Jupiter und Saturn und über die Bewusstseinsplaneten Uranus und

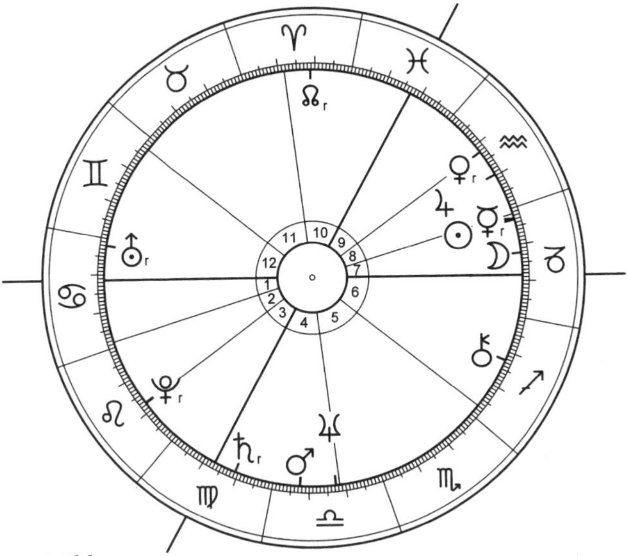

Abb. 5: Hilde

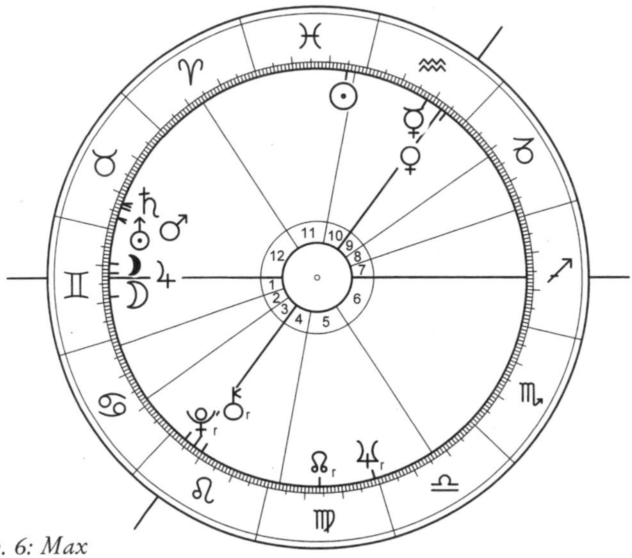

Abb. 6: Max

Neptun läuft. Deshalb wird die Anziehung durch Polarität trotz der vielen Entsprechungen insgesamt nur mit 60 % bewertet.

Was er an Großspurigkeit (Jupiter) in die Beziehung bringt, gleicht sie durch maßvolles Verhalten (Saturn) aus. Der Ehrgeiz (Saturn) verbindet sie auf der gesellschaftlichen Ebene, denn Merkur, der Herrscher seines Aszendenten, wirkt durch seine Stellung im 10. Haus nahe am MC saturnhaft.

Um seinem Drang nach Beliebtheit (Mond/Jupiter) Ausdruck verleihen zu können, sucht er Bestätigung und Anerkennung bei einer anfänglich traditionellen (Saturn) Frau (Mond).

Seine unterschwellige Aggressivität (Mars/Saturn/Uranus-Konjunktion im 12. Haus im Trigon zu Neptun) provoziert ihren heimlichen Wunsch nach Seitensprüngen. Mit Waage-Mars im Trigon zu Jupiter und Uranus im 12. Haus im Quadrat zu Mars, der zudem Herrscher des 12. Hauses ist, traf sie als Masseurin immer wieder charmante und großzügige Männer, die sich bei ihr sexuell entspannen wollten. Nachdem sie in ihrer Kindheit Strenge und Härte erlebte, fand sie eine gewisse Selbstbestätigung darin, mit dem einen oder anderen Klienten eine Affäre zu haben. Wenn Max dies erfuhr, hatte er meist gleichzeitig oder kurz danach ebenfalls eine Affäre. Mit Venus in Opposition zu Pluto war er sowohl auf das Sexuelle als auch auf das Geld fixiert. Frauen, mit denen er eine Affäre hatte, lud er gern in teure Lokale ein. Hinter seiner Großzügigkeit lag ein versteckter Minderwertigkeitskomplex, der durch den Neptun-Bezug seiner männlichen Planeten Sonne und Mars angezeigt ist (Sonne in den Fischen und Mars im Trigon zu Neptun) und in der Mars/Saturn-Konjunktion durch sexuelles Leistungsstreben (Mars) zur Kompensation führt. Damit ist ein sexuelles (Mars) Leistungsdenken (Saturn) verbunden. Je mehr Frauen er für eine Affäre gewinnen konnte, desto mehr fühlte er sich aufgewertet. Mit seiner eigenen Untreue schuf er zugleich einen Ausgleich dafür, dass er von Hilde immer wieder hintergangen wurde. Er hatte im Gegensatz zu ihr aber keine Schuldgefühle. Die doppelte Moral des späten Patriarchats erlaubte dem Mann

Seitensprünge ohne Verlust des Ansehens, während eine Frau für dasselbe Verhalten als Schlampe bezeichnet wurde. Diese Moral wirkt heute immer noch nach, und die ungleiche Bewertung für männliche und weibliche Untreue lebt in den Köpfen vieler Menschen noch weiter.

Gleich

Beide haben eine Venus/Pluto-Opposition.

Beide haben Venus im Wassermann, was nicht verwunderlich ist, da beide Partner acht Jahre auseinander geboren sind, was mit dem sogenannten Venus-Pentagramm zu tun hat: *«Denn nach fünf synodischen Umläufen der Venus, die acht Sonnenjahren entsprechen, finden sich Sonne und Venus am Himmel wieder auf den gleichen Orten ein, wobei die Abweichung höchstens bis zu 2,5° beträgt.»*[5] Schon bei Pythagoras wurde das Pentagramm als Glückssymbol gesehen.

Obwohl nur dieser eine Faktor der Verstärkung auf der Planetenebene vorhanden ist, wirkt dieser besonders stark, weil Venus/Pluto-Aspektierungen an sich das stärkste Anzeichen ist für eine Fixierung mindestens eines der Partner auf materielle Sicherheit und ebenfalls mindestens eines Partners auf Machtausübung durch sexuelle Abhängigkeit. Hinzu kommt, dass beide Venus im Wassermann haben und dieser beide in der unreifen Form (indem sie fremdgingen) lebten. Deshalb werten wir die Verstärkung mit Gleichem immerhin mit insgesamt 40 %.

Da beide seit ihrer Kindheit ein geschwächtes Selbstwertgefühl hatten, verband sie die Fixierung (Pluto) auf materielle Werte (Venus). Die Angst, ohne genug Geld und ohne einen repräsentativen Partner dazustehen, führte die beiden immer wieder zusammen trotz all der Verletzungen, die sie sich mit ihrer Untreue gegenseitig zufügten. Max hatte eine sichere Position im öffentlichen Dienst. Hilde hatte immer Angst, dass sie mit ihrem eigenen Verdienst die Lebenshaltungskosten nicht decken könnte, wenn sie von Max verlassen werden würde. Er schien aber nie ernsthaft an eine andere Frau als Ehepartnerin zu denken. Und Hilde wollte keine finanzielle Unsicherheit. Diese Gemeinsamkeit drückt sich in ihren Venus/Pluto-Oppositionen aus und bildet den einzigen Ruhepol in ihrer Partnerschaft. In diesem Fall erfüllte Pluto sogar seinen sprichwörtlichen Ruf, der Tod zu sein, denn gefühlsmäßig starb die Partnerschaft, je länger sie dauerte.

Die Geschichte ihrer Ehe

Max und Hilde hatten beide vom Elternhaus ein schwaches Selbstwertgefühl mitbekommen, das sie kompensierten, indem sie sich um die Rolle als respektable Bürger der Wohlstandsgesellschaft kümmerten. Dazu gehörte für sie auch, mit einem vorzeigbaren Partner «gut verheiratet» zu sein. Hilde war eine frühreife und vollbusige Frau (Krebs-Aszendent), die es als junge Frau darauf anlegte, durch eine feste Beziehung mit einem Mann ihrem strengen Elternhaus zu entfliehen (Sonne und Mond im Steinbock und Saturn als Herrscher vom 7. im 4. Haus). Kaum volljährig geworden, wollte sie daher Max auch sofort heiraten. An ihrer starken Betonung im dritten Quadranten erkennt man auch Hildes Abneigung gegen das Alleinsein. Sie hatte vor der Heirat mit Max nie allein gelebt. Wenige Jahre nach der Hochzeit ließ sie sich nach einer ihrer ersten Affären von Max scheiden. Als diese Affäre vorbei war und keine Partnerschaft daraus wurde, hatte sie keinen inneren Halt mehr (Mond/Neptun) und arrangierte sie sich wieder mit Max, den sie dann zum zweiten Mal heiratete. Die gemeinsame Tochter wuchs somit in einem zumindest nach außen hin geordneten Elternhaus auf.

Im Unterschied zu Max entwickelte Hilde mit der Zeit eine neue geistige Haltung, die weniger von einem materialistischen

Statusdenken geprägt war. Die Beschäftigung mit Anthroposophie führte sie zu Heilmethoden, die mit ihrer Tätigkeit als Masseurin in Verbindung standen. Während einer Ausbildung für alternative Massage entfernte sie sich innerlich sehr weit von Max. Die Ehe war nach zwei weiteren Jahrzehnten tot. Nach 20 Jahren lernte sie einen ebenfalls anthroposophisch orientierten Mann kennen, der gerade in Trennung auf Zeit zu seiner Lebensgefährtin lebte. Hilde war aber innerlich nicht frei für ihn. Schuldgefühle und Verpflichtungen Max gegenüber verhinderten, dass sie sich auf den weitgehend gleichgesinnten Mann voll einließ. Dieser hatte aber feste Prinzipien und hatte nie Affären mit Frauen. Er spürte, dass Hilde sehr wohl eine Affäre mit ihm haben könne, aber keine feste Beziehung. Er wunderte sich, dass Hilde mit einem Mann wie Max noch so lange ins Bett zu gehen bereit war, dessen Figur durch seinen hohen Bierkonsum so unattraktiv geworden war. Dieser Mann trieb hingegen Sport und achtete auf gesunde Ernährung, wodurch sein Äußeres auch ansprechender war. Er fragte sie sogar, ob sie bereit wäre, ihn zu heiraten. Dies lehnte sie jedoch ab. Daraufhin zog er sich langsam von ihr zurück und arrangierte sich wieder mit seiner bisherigen Partnerin. Sein allmählicher Rückzug machte Hilde sehr betroffen, denn es war das erste Mal, dass ein Mann nicht nur auf eine Affäre aus war, sondern wirklich ernsthafte Absichten verfolgte. Dadurch wurde ihr bewusst, dass sie sich von all ihren Schuld- und Pflichtgefühlen befreien musste, um ein gesundes Selbstwertgefühl entwickeln zu können.

Wenn sie innerlich bereit war, sich aus einer sinnentleerten Ehe zu befreien, die ihr die meiste Zeit nur als Krücke diente, musste sich dies auch nach außen manifestieren. Ihre zweite Scheidung von Max zog sie nach langen inneren Kämpfen konsequent durch. Max versuchte alles, um die Scheidung zu verhindern. Er wusste wohl, dass Hilde in ihren Entscheidungen häufig die Richtung änderte. Er konnte die Scheidung zwar nicht verhindern, erreichte aber noch, bei einer späteren

Gerichtsverhandlung eine niedrigere Unterhaltszahlung für seine geschiedene Frau herauszuschinden, als ihr von Rechts wegen zugestanden hätte. Sie verzichtete freiwillig auf einen beträchtlichen Anteil, nachdem ihr Max vor Gericht eine schreckliche Szene machte. Hildes Schuldgefühle waren immer noch nicht restlos verschwunden.

Zum ersten Mal in ihrem Leben musste sie nun die Lebenshaltungskosten allein bestreiten. Das brachte sie eine Zeit lang in finanzielle Bedrängnis. Es gab daher Zeiten, in denen sie daran zweifelte, ob die Scheidung von Max wirklich die richtige Lösung gewesen war. Inzwischen sind diese Zweifel ausgeräumt und sie hat keine Existenzängste mehr.

Ohne Entsprechung

Ihr Mond/Neptun-Quadrat findet keine Resonanz bei ihm.

Zu erkennen, was fehlt, ist manchmal von größerer Bedeutung, als zu erkennen, was vorhanden ist!

Mond/Neptun und der eigene geistige Weg

Hildes Fähigkeit, über den eigenen geistigen Weg (Neptun) ihrem Leben eine neue Richtung zu geben, verdankt sie ihrem in eine reifere Form gebrachten Mond/Neptun-Quadrat. Ihr Mond ist Aszendentenherrscher, ihr Neptun herrscht über die Himmelsmitte und das 10. Haus. Ohne diese Komponente in ihrem Horoskop wäre sie womöglich im konventionellen Statusdenken stecken geblieben und hätte ihre innere Leere nicht mit eigenen geistigen Inhalten auffüllen können. In der Hemmung bedeutet ein Mond/Neptun-Quadrat Hilflosigkeit und Orientierungslosigkeit bei gleichzeitiger Sehnsucht nach geistigen Idealen, die das Kind von den Eltern nicht bekommen hat. In der reifen Form enthält ein Mond/Neptun-Spannungsaspekt die Möglichkeit, nach den eigenen Gefühlsimpulsen zu handeln. Da in Hildes Horoskop Neptun ihre berufliche Richtung anzeigt, liegt in dem Quadrat zum Mond im Steinbock die Möglichkeit, eine Alternative (Neptun) zur traditionellen Frauenrolle (Mond) zu finden. Da der Mond außerdem ein Trigon zum Saturn in 4 hat, womit ihre Anpassung an traditionelle Maßstäbe perfekt gewesen wäre, war das Quadrat zum Neptun zur Auflösung dieser Maßstäbe unbedingt notwendig. Das wurde ihr dadurch erleichtert, dass ihre zu Rebellion neigende Wassermann-Venus im Trigon zum Neptun steht.

Im Geburtshoroskop von Max findet sich keine direkte Entsprechung zu Hildes Mond/Neptun-Quadrat, wenn man einmal von seiner Sonne in den Fischen absieht. Die Zeichenposition eines der Himmelslichter oder eines persönlichen Planeten ist nicht so stark wie ein Hauptaspekt zu einem Bewusstseinsplaneten. Bezeichnenderweise war Max immer gegen Hildes geistigen Weg eingestellt und versuchte sie dazu zu bewegen, doch auf dem «Boden der Tatsachen» zu bleiben. Gerade diese Tatsachen waren es aber, mit denen er sie so lange abhängig machen konnte und die er zur Kompensation seines eigenen schwachen Selbstwertgefühls brauchte. Da er keinen geistigen Weg einzuschlagen bereit war, der Hildes Weg etwas Gleichwertiges entgegengesetzt hätte, musste er sich mit «geistigen» Getränken behelfen. Die Gefahr, in den Alkoholismus abzudriften, war bei ihm sehr groß. Diese ergab sich daraus, dass er seine Sensibilität nach außen nur schwer zum Ausdruck brachte. Angezeigt ist dies durch die neptunische Einfärbung seiner männlichen Symbole Sonne und Mars (Sonne im elften Haus in den Fischen und Mars im zwölften Haus im Stier eingeschlossen).

Hilde hätte es mit ihrer Mond/Neptun-Konstellation allein wohl nicht geschafft, sich aus ihrer sinnentleerten Ehe zu befreien. Ihr Mars/Uranus-Quadrat half ihr dabei maßgeblich. Sie musste diese Komponente in ihrem Horoskop aber erst in die reife Form bringen. In der gehemmten Form ließ das Quadrat sie in ihrer Rolle als Ehefrau der 1960er- und 1970er-Jahre haften bleiben. In der Kompensation war sie die heimliche Ehebrecherin. Ihre rebellische Wassermann-Venus im 9. Haus passte nicht zu ihren unerlösten Steinbock- und Jungfrau-Seiten. Da diese Wassermann-Venus von Uranus im 12. Haus – dem Haus der Heimlichkeiten – beherrscht wird, provozierte Hilde immer wieder heimliche Affären. In der reifen Form sind Neptun und das 12. Haus aber die Alternative zum Herkömmlichen. Bis zur Verwirklichung dieser Alternative war es ein leidvoller Weg. Erst als Hilde mit ihrer Steinbock-Betonung bereit war, eigene und andere Maßstäbe eines reifen Saturns zu setzen, konnte sie das Spießbürgertum und seine doppelte Moral hinter sich lassen.

Susanne und Felix

Anziehung durch Polarität: etwa 50 %

Verstärkung durch Gleiches: etwa 50 %

Grundthema der Beziehung: Eine vernünftige und familiengerechte Ehe mit traditioneller Rollenverteilung hat für andere Vorbildcharakter, bevor sie nach fünfzehn Jahren ein jähes Ende nimmt.

Polar

Sie hat ein Mond/Mars-Trigon,
er eine Sonne/Mars-Konjunktion.

Sie hat ein Mond/Venus-Quadrat,
er eine Sonne/Venus-Konjunktion.

Sie hat eine Mond/Neptun-Konjunktion,
er eine Mond/Uranus-Opposition.

Die jeweils auf der Mars- und Venus-(Kontakt-)Ebene gefühlsmäßig wirksamen Polaritäten von Sonne und Mond im Horoskopvergleich haben einerseits den Vorteil, dass jeder in seiner Rolle aufgehen kann, andererseits den Nachteil, dass sich keiner im anderen spiegeln kann. Um sich im anderen über Anima und Animus wiederfinden zu können, hätten die Partner ver-

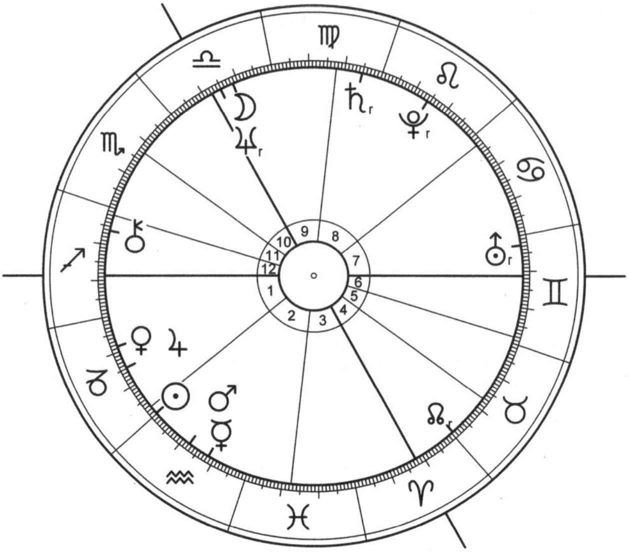

Abb. 7: Susanne

tauschte Mond- und Sonne-Positionen haben müssen. So ist aber jeder mit seiner äußeren Geschlechtlichkeit so konfrontiert – sie mit ihrem Mond und er mit seiner Sonne –, dass bestenfalls von einem reibungslosen Nebeneinander gesprochen werden kann. Es bedeutet auch, dass jeder mit seiner Rolle zurechtkommt, ohne mit dem inneren Wesen des Partners konfrontiert zu werden.

Susannes Mond/Neptun-Konjunktion bildet einen anregenden Kontrast zu Felix' Mond/Uranus-Opposition. Durch eine polare Aspektierung des Mondes (einerseits mit Uranus, andererseits mit Neptun) ist er aber ein in seinen Gefühlen widersprüchlicher Mensch mit einem schwierigen Mutterbild. Einerseits idealisiert und verklärt (Neptun) er die Mutter, andererseits drängt es ihn zur Loslösung (Uranus) von ihr. Da sein Steinbock-Mond im 8. Haus auch in Konjunktion zu Chiron

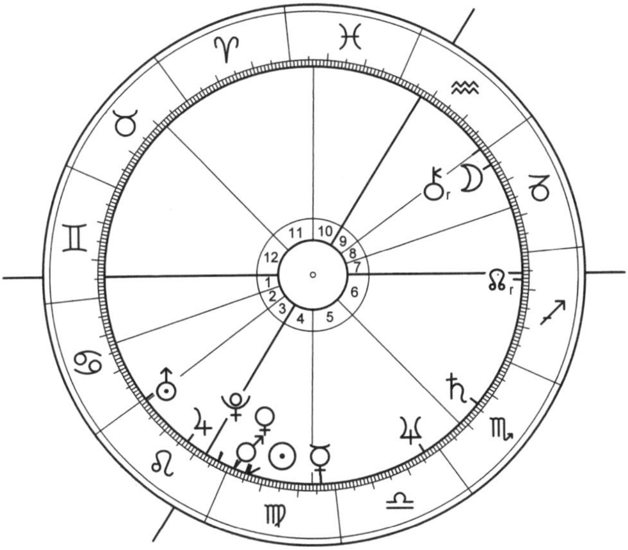

Abb. 8: Felix

steht, ist er durch die Mutter in der Kindheit in irgendeiner Weise verletzt worden, mit dem Neptun-Quadrat kann er sich aber nicht mehr daran erinnern. Das Mutterbild ist verklärt.

Gleich

Sie hat eine Mond/Neptun-Konjunktion,
er ein Mond/Neptun-Quadrat.

Sie hat eine Mars/Pluto-Opposition,
er eine Mars/Pluto-Konjunktion.

Mond/Neptun-Kontakte im Geburtshoroskop bedeuten grundsätzlich, dass man in der Kindheit in irgendeiner Form zu kurz gekommen ist, meistens hat man ein schwaches Mutterbild. In Susannes Fall steht die Mond/Neptun-Konjunktion nahe am MC für das Mütterlich-Fürsorgliche, mit dem sie sich mehr identifiziert als mit der im Quadrat dazu stehenden Venus/Jupiter-Konjunktion. Da der Mann im Allgemeinen seinen Mond zu einem Teil auf die Frau projiziert, ist Susanne mit ihrer Mond/Neptun-Konjunktion mehr konfrontiert als Felix mit seinem Mond/Neptun-Quadrat. Wie sich herausstellte, war dies sein Schatten – also etwas, was er bei sich selber nicht wahrnahm und was sie ihm als sein verklärtes Mutterideal abnahm.

Weil sie ihm dieses unbewusste Mutterideal, angezeigt durch sein Mond/Neptun-Quadrat, abgenommen hat, kam es zur Gründung einer Familie, in der nach außen hin alles stimmte. Die familiäre Situation schuf einen Ruhepol für das Paar, während die Partnerschaft an sich immer unklar blieb und mit verschwommenem Blick gesehen wurde. Die Mond/Uranus-Opposition zeigte sich darin, dass er seine Arbeitssituation mit ungewöhnlich langem Fahrtweg zwischen Wohnung und Arbeitsplatz dazu benutzte, um sich von seiner eigenen Familie täglich genügend distanzieren zu können. Sie passte auch in das Rollenklischee des meist abwesenden Familienvaters.

Die Mars/Pluto-Komponente in beiden Horoskopen zeigt an, dass beide Partner in der Lage sind, rigoros zu handeln und für eigene Vorhaben alle Kräfte auch gegen Widerstände einzusetzen. Solange man an einem Strick in dieselbe Richtung zieht, ist dies gut. Sobald die Interessen auseinandergehen, ist dies aber eine Katastrophe für mindestens einen der Partner, der dann das Nachsehen hat.

Hauptachsenumkehr

Sie ist Aszendent Schütze, er Aszendent Zwillinge. Dadurch entsteht eine Anziehung durch komplemäntäre Ergänzung auf der Begegnungsachse 1/7.

In der Synastrie hat Susannes Sonne eine Konjunktion mit

Felix' Mond. Dieser starke Zwischenaspekt bedeutet, dass sie die Beziehung auf der Gefühlsebene dominiert.

Die Geschichte ihrer Ehe

Bereits beim Kennenlernen war Felix nicht Hals über Kopf verliebt. Die Einstellung der Partner zueinander war zwar durchaus von Gefühlen getragen (siehe Sonne/Mond-Konjunktion in der Synastrie), hatte aber bei der starken Steinbock- und Jungfrau-Betonung in ihren Horoskopen von Anfang an einen pragmatischen Anstrich. Wie sich Felix nach seiner Scheidung sechzehn Jahre später einmal äußerte, hatte er damals die Vorstellung, dass Liebe eben so sei.

Da der Mann seine Mond-Stellung im Horoskop häufig auf die Frau projiziert und der Frau eine Mond/Neptun-Aspektierung im eigenen Horoskop im Bewusstsein grundsätzlich vertrauter ist als dem Mann, ergibt sich in Susannes Fall eine Überbewertung ihrer Mond/Neptun-Konjunktion auf Kosten ihrer Venus/Jupiter-Konjunktion. Besonders wirksam ist das Mond/Venus-Quadrat, das uns verrät, dass Susanne in ihrer Weiblichkeit zerrissen ist. Sie hat entweder die Möglichkeit, sich als die attraktive Frau mit Venus/Jupiter-Konjunktion im 1. Haus darzustellen oder das Mütterlich-Fürsorgliche (Mond/Neptun-Konjunktion im 10. Haus) besonders herauszustreichen. Sie hat sich für Letzteres entschieden. Dabei büßte sie einige ihrer erotischen Reize ein, weil hausbackene Frauen die sexuelle Fantasie der meisten Männer nicht anregen. Da Felix' Jungfrau-Sonne im Trigon zu Susannes Steinbock-Venus einen klassischen Heirats- und Eheaspekt darstellt, kam er mit ihrer etwas nüchternen Erotik aber gut zurecht. Von der Anfangsphase ihrer Ehe gab es jedoch keine Erinnerungen an eine romantische Verliebtheit, bevor das erste Kind kam. Dies hatte den Vorteil, dass die Kinder auch nicht als Einschränkung empfunden wurden. Felix' pragmatische Jungfrau-Betonung mit

Mars, Venus, Sonne und – im Abstand dazu – Merkur war eine günstige Voraussetzung dafür, die Dinge, so wie sie waren, anzunehmen. Obwohl beide Partner ein Universitätsstudium hinter sich hatten und er damit nicht sofort beruflich etwas anfangen konnte, zweifelten sie nicht an der Richtigkeit der traditionellen Rollenaufteilung zwischen Mann und Frau in Bezug auf Haushalt und Geldverdienen. Nachdem Felix auch den Doktor in Philosophie gemacht hatte, gelang es ihm, mit einer einjährigen EDV-Ausbildung eine berufliche Stellung zu erlangen, die es ihm ermöglichte, als Alleinverdiener die vierköpfige Familie finanziell zu versorgen. Felix und Susanne beschritten diesen Weg, weil er aus pragmatischen Gründen das Naheliegende war, obwohl sie innerlich nicht ganz davon überzeugt waren, dass dies auf Dauer die einzige Lösung wäre.

Susanne war nach ihrem Pädagogikstudium für alternative Erziehungsmethoden aufgeschlossen. Die Kinder wurden mit viel Verständnis und eher antiautoritär, aber nicht ganz ohne Strenge, aufgezogen. Felix trat an den Samstagen und Sonntagen als guter Freizeit-Vater in Erscheinung. Was Susanne und Felix von den eigenen Eltern an Liebe und Verständnis nicht bekommen hatten, versuchten sie bei den eigenen Kindern auszugleichen.

Bei Susanne spielten auch fundamentalchristliche Wertvorstellungen des Alten Testaments eine Rolle. Merkur, der Herrscher des 9. Hauses (Religion), hat eine Opposition zu Pluto (Dogmatik). So wird verständlich, warum sie die mütterliche Weiblichkeit (Mond) ziemlich idealisierte und zugleich ihre weibliche Erotik (Venus) abwertete. Saturn an der Spitze des 9. Hauses, dem Haus der Weltanschauungen, war ihr Hüter eines alttestamentarischen Glaubenssatzes, dass der Geschlechtsverkehr nur dem Zwecke des Kinderkriegens diente und nicht zur Erfüllung sexueller Wünsche. Durch das Trigon von Saturn zu ihrer Steinbock-Venus im 1. Haus (die körperliche Selbstdarstellung) spürte man bei ihr nur wenig erotische Ausstrahlung. Sie war auch davon überzeugt, dass es für eine verheiratete und anständige Frau nicht nötig sei, sich besonders geschmackvoll zu kleiden. Jupiter, der Aszendentenherrscher, neigt im Steinbock zu Nüchternheit und zu Korrektheit in den körperlichen Erscheinungsformen. Susannes Weiblichkeit verlagerte sich mit der Zeit immer mehr zu ihrer Mond/Neptun-Konjunktion in der Waage hin. Das Bild der heiligen Jungfrau Maria, die in der christlichen Neptun-Symbolik ein Kind empfing, ohne ihren sexuellen Trieben nachgeben zu müssen, bestimmte Susannes Lebensausrichtung (MC). Sie konnte sich mit der «reinen» und keuschen Weiblichkeit besser identifizieren als mit jener von Aphrodites Verführungskunst und Freude an Erotik.

Uranus als tickende Zeitbombe

Felix hatte nie etwas an ihr auszusetzen. Er war ein notorischer Ja-Sager, wie sie einmal anmerkte, und er erfüllte ihr fast alle praktischen Wünsche. So einen Mann müsse man suchen, sagte sie mit einem gewissen Stolz, ohne zu erkennen, dass dieser Mann auch noch andere Seiten hatte, die sie erst spät bemerkte. Vor allem schien sie nichts von einem Schattenbereich in ihrer Seele zu ahnen, der sich im Horoskop aber leicht ausfindig machen lässt: Ihr bis auf ein schwaches Quinkunx zur Sonne unaspektierter Uranus in 7, nahe am Deszendenten, der in Konjunktion zu Felix' Aszendent und zu seinem absteigendem Mondknoten steht, war eine Zeitbombe. Sein Uranus steht wiederum in Opposition zu Susannes unaspektierter Sonne. Der Uranus beider Partner fiel somit aus dem Rahmen ihrer pragmatischen Familienplanung und war eine nicht zu kalkulierende Zeitbombe. Susannes unaspektierter Uranus, der in Rezeption zum Merkur im 2. Haus steht und damit auch die Themen Geld und eigenes Terrain beeinflusst, wirkt sich besonders hart aus.

Nach der Scheidung musste sie tatsächlich das eigene Terrain – ein Reihenhaus mit Garten – räumen, weil Felix dieses

«Revier» verließ und sie das Haus allein nicht halten konnte. Durch die Rezeption von Uranus in 7 und Merkur in 2 sah sie sich von ihrem geschiedenen Ehepartner indirekt zur Aufnahme einer Halbtagstätigkeit in ihrem erlernten Beruf gezwungen.

Felix' Geburts-Uranus in Opposition zu Susannes Sonne bildete den Sprengsatz, den die Transite von Uranus und Neptun (in einer Konjunktion im Steinbock in den 1990er-Jahren) explodieren ließen. Uranus und Neptun liefen damals über ihre Sonne. Da Uranus auch ein Anzeichen für Umpolungen, Revolten und Befreiungsschläge ist, traf Felix eine Entscheidung, die unumkehrbar war und auch seiner Mars/Pluto-Konjunktion entsprach.

Nachdem Felix vier Jahre lang heimlich in eine Arbeitskollegin verliebt gewesen war, bot er dieser endlich das Du an. Schon nach kurzer Beziehung schmiedeten sie Heiratspläne. Diese rasche Entwicklung ist ein Hinweis darauf, dass für Felix die Ehe mit Susanne schon lange nicht mehr stimmte. Er war aber nicht fähig, sich darüber in irgendeiner Weise zu äußern. Sein Merkur (Aszendenten- und Sonnenherrscher!) im Quadrat zu ihrem Uranus bedeutet, dass alles, was er sagte, für sie nicht wesentlich ist und er deshalb überhaupt nicht viel sagte, was sie ihm grundsätzlich als Zustimmung auslegte. Sein Merkur steht zugleich im Quadrat zu ihrer Mondknotenachse, was auch auf das fatale Schweigen der Partner vor ihrer Scheidung hinweist. Tatsächlich wurde nie darüber geredet, ob in ihrer Beziehung vielleicht etwas nicht stimmen könnte.

Mond/Neptun-Quadrat und die Verheimlichung seiner neuen Liebe

Felix' Verheimlichung seiner Motive zur Scheidung kann man zwar als unfair betrachten und sie ist durch keine noch so einleuchtende astrologische Ausdeutung vom ethischen Standpunkt aus zu rechtfertigen. Als Erklärung für Felix' langes Schweigen kann die schwierige Mond-Stellung (Mond/Chiron-Konjunktion, Mond/Uranus-Opposition und Mond/Neptun-Quadrat) in seinem Horoskop dienen.

Felix' Mond/Neptun-Quadrat kann andererseits auch als Entwicklungsweg angesehen werden, auf dem er sich zu einer Alternative (Neptun) gegenüber seiner bisherigen Frau (Mond) entschließt. Nur in der gehemmten Form bedeutet Neptun eine Verschleierung. Das Tragische bei schwierigen Neptun-Betonungen ist die sich oft nur schleichend offenbarende neue Möglichkeit. Und die Entschleierung kann für den Partner zu einer sehr schlimmen Erfahrung werden. Da beide Partner einen starken Mond/Neptun-Kontakt haben, scheint Felix die Projektion seines Mond/Neptun-Quadrats auf Susanne zurückgenommen zu haben.

Was für ihn eine Entwicklung bedeutete, war für Susanne zunächst eine schmerzhafte Konfrontation mit sich selbst. Sie musste ihre fundamentalchristlichen Glaubensinhalte, die mit ihrer Mond/Neptun-Konjunktion zu tun hatten, in Frage stellen, wenn sie aus dem Schmerz herauskommen wollte. Mit den Quadraten zu Venus und Jupiter im 1. Haus kann man davon ausgehen, dass Susanne diese von der Kirche übernommenen Wertvorstellungen irgendwann einmal in Frage stellen würde. Die Gefahr, dass sie mit dieser Mond/Neptun-Konjunktion am MC immer das Opfer ihrer althergebrachten Glaubensinhalte bleibt, ist aber ebenfalls sehr groß.

Der «heiße Fleck» unterschwelliger Leidenschaft in der Jungfrau

Auf die Frage, was ihn zu seiner Entscheidung für eine Trennung von Susanne geführt hätte, antwortete Felix, dass es Leidenschaft für die Arbeitskollegin gewesen sei. Er hätte noch nie in seinem Leben zuvor Leidenschaft empfunden, und diese sei eben so groß, dass er nicht mehr zur Leidenschaftslosigkeit zurückkehren könne. Dabei war es nicht einmal der Sex, der ihm in der Beziehung mit Susanne fehlte. Im Gegenteil: Er hatte bis zum Schluss mit Susanne Geschlechtsverkehr gehabt. In ihrer Sexualität schien Leidenschaft aber keine Rolle mehr gespielt zu haben. Wenn wir uns Felix' Planeten-Betonungen auf die Zeichen bezogen anschauen, finden wir zwar keine Hinweise auf große Leidenschaft. Die Konjunktion von Pluto, Mars, Venus und Sonne können wir aber als einen «heißen Fleck» unter der kühlen und pragmatischen Oberfläche des Zeichens Jungfrau im 4. Haus bezeichnen, so wie eine vulkanische Inselgruppe außerhalb tektonischer Verwerfungen ebenfalls durch einen «heißen Fleck» entstehen kann. Man denke nur an die Hawaii-Inseln mitten in der Pazifischen Platte des Erdmantels. Entscheidend ist aber die Tatsache, dass dieser «heiße Fleck» in der Ehe mit Susanne nicht zum Ausdruck gekommen war. Der Grund dafür sind die auf der polaren Ebene wirkenden Mars- und Venuskräfte. Ihr Mond/Mars-Trigon bot als komplementäre Verstärkung zu seiner Sonne/Mars-Konjunktion in diesem «heißen Fleck» zu wenig Anreize für eine anhaltend impulsive Zweierbeziehung. Solch ein statisches Element war aber für die Aufrechterhaltung einer fünfzehnjährigen Ehe schon eine ganze Menge, wenn man bedenkt, dass sonst keine weiteren Venus-Entsprechungen zwischen ihren Horoskopen vorhanden sind.

Nach der traditionellen Rollenverteilung hätte in dieser Ehe fast alles gestimmt.

Ihr Mond/Venus-Quadrat passt zwar trotz ihrer Probleme mit ihrer eigenen Weiblichkeit zu seiner Sonne/Venus-Konjunktion. Da sich Mond und Sonne aber in ihrer gegengeschlechtlichen Zuordnung nicht als Anima und Animus jeweils auf den Partner übertragen lassen, konnten sich beide nicht ineinander spiegeln. Jeder wurde immer wieder auf sich selbst und seine Rolle verwiesen. Mit anderen Worten: Er wurde mit seiner weiblichen Seite nicht so weit konfrontiert, und sie wurde mit ihrer männlichen Seite nicht so weit konfrontiert, als dass sie sich beide genügend in die Eigenschaften des Partners hätten hineinversetzen können. Dies wäre aber nötig gewesen, um sich für die alltägliche Rolle des anderen so weit zu interessieren, dass man sich seine Bedürfnisse wenigstens hätte vorstellen können. Eine komplementäre Ergänzung mit gegenseitiger Spiegelung wäre nur dann auf der Gefühlsebene möglich gewesen, wenn er der Mond-Partner und sie die Sonne-Partnerin gewesen wäre. So war es aber genau umgekehrt. Jeder erfüllte Aufgaben in seinem Bereich, mit denen der Partner nicht in Berührung kam. Für eine Ehe, in der beide Partner innerlich von einer traditionellen Rollenaufteilung überzeugt gewesen wären, hätte es auch keine Rolle gespielt, dass sie sich nicht ineinander spiegeln und aufeinander eingehen konnten, weil sich beide Partner mehr oder weniger damit abgefunden hätten, dass sie grundverschiedene Rollen haben, die sich nicht beliebig variieren lassen. Im Patriarchat waren langjährige Ehepartner im Grunde damit zufrieden, mehr oder weniger nebeneinander her zu leben, von gemeinsam erlebten Festen und Riten einmal abgesehen. Wichtig war vor allem die wirtschaftliche Versorgung. Susanne und Felix haben die traditionelle Rollenaufteilung aber vorwiegend aus pragmatischen Gründen gewählt und nicht aus innerer Überzeugung. Susanne ist trotz ihrer fundamentalchristlichen Ausrichtung in sexueller Hinsicht eine emanzipierte Frau. Sie war nach Abschluss ihres Pädagogikstudiums auch als Lehrerin tätig. Eine Ehe wie ihre musste nicht nur wegen einiger Schattenbereiche in den Horoskopen der Partner zwangsläufig früher oder später zerbrechen.

Vor dem Hintergrund des Übergangs von der patriarchalen

Versorgungs-Ehe zur Liebesbeziehung mit Anspruch auf leidenschaftliche Liebe bietet dann der sichere äußere Rahmen einer solch pragmatischen Ehe meist den Anlass für einen sich unterschwellig anbahnenden Bruch. In dem von der Industrialisierung geprägten späten Patriarchat des vorletzten Jahrhunderts hätte Felix seine Liebesbeziehung mit der Arbeitskollegin vielleicht neben der Ehe parallel führen können. Heute sind aber die meisten Menschen bereit, die Scheidung einzureichen, wenn es in der Liebe an Dynamik und Leidenschaft fehlt. Man ist meist nicht mehr bereit, eine Ehe aus pragmatischen Gründen aufrechtzuerhalten, wenn man das Gefühl hat, etwas Wichtiges im Leben zu versäumen. Es gibt nichts Wichtigeres als die Verwirklichung aller Anlagen. Je länger eine Anlage ein Schattendasein führt, desto gefährlicher ist dies für den Betreffenden selbst und auch für Partner und Kinder, für die er mitverantwortlich ist. Wenn man sich nach fünfzehnjähriger Ehe wegen einer leidenschaftlichen Affäre scheiden lässt, bleibt zwar die Frage offen, ob dies der unvermeidbare Anlass für das Hochgehen der uranischen Zeitbombe sein musste. Zumindest wissen wir aber, dass es für eine Ehe heutzutage grundsätzlich nicht mehr vorteilhaft ist, wenn sich die Partner nur um ihre eigenen Angelegenheiten kümmern und sich nicht in die Rolle des anderen hineinversetzen können.

Spuren der Scheidung

An Felix hat die Scheidung deutliche Spuren hinterlassen. Er ergraute im Jahr der Scheidung fast gänzlich. Er erhielt von Freunden nur wenig Verständnis für seinen Partnerwechsel. Auf die Entrüstung mancher Freunde für sein Verhalten reagierte er meist mit den Worten, es solle ihm erst einmal jemand nachmachen, als treuer Ehemann fünfzehn Jahre lang mit keiner Frau eine Affäre gehabt zu haben und anderen Männern gegenüber nicht mit Sex-Abenteuern geprahlt zu haben.

Felix, der nach fünfzehn Jahren Musterehe mit Susanne die Scheidung einreichte, ist als Jahrgang 1955 ein Beispiel für die Phase des Zeichenwechsels von Uranus vom Krebs in den Löwen. Er stand in diesem Jahr mit Neptun, der gerade noch in der Waage war, im Quadrat. Felix hat ein dissoziiertes Quadrat. Dies haben alle, die zwischen September und Ende 1955 geboren sind. Im Juni 1956 wiederholte sich dieses Quadrat noch einmal, bis Uranus schließlich im Herbst 1956 aus dem Quadrat hinauslief. Im August 1957 trat Neptun endgültig in den Skorpion. Damit war die fast dreizehnjährige Phase mit Neptun in der Waage beendet, die alle mit dieser Stellung Geborenen mit der Hippiebewegung und der aufkommenden Rockmusik in Berührung brachte. Die Waage ist das Zeichen für harmonische Schwingungen.

Das dissoziierte Quadrat ist also so zu verstehen: Uranus wechselte 1955 schon vom Krebs in den Löwen, während Neptun gerade noch in der Waage stand, aber bei einem Orbis bis zu 5° noch ein wirksames Quadrat zu Uranus bildete. In der Zeit um die Geburt von Felix standen gleichzeitig Jupiter und Saturn in einem exakten Quadrat zueinander. Dieses wird oft als ernsthaftes Ringen um die richtige Philosophie gedeutet. Bezeichnenderweise studierte Felix Philosophie: Er hat Jupiter im 3. Haus, dem Haus des Schulwissens. Felix löste den Konflikt des Quadrats auf der gesellschaftlichen Ebene. Er schrieb seine Doktorarbeit über ein Thema von Hegel, dem letzten großen Philosophen des Idealismus in Deutschland, der seine Umkehr später im Marxismus fand. Dieser war an linksliberalen Hochschulen Mode, als Felix studierte. Diese Umkehr spielte sich bei Felix offenbar nur im Kopf ab und schlug sich nicht als Forderung nach einem politischen Umsturz nieder, den die 68er-Generation herbeisehnte.

Das Auffälligste in seinem Werdegang drückte sich aber in dem Quadrat zwischen Uranus und Neptun, den Symbolen für ein höheres Bewusstsein, aus. In den 90er-Jahren, als er sich von Susanne innerlich löste und schließlich die Scheidung einreichte, standen Uranus und Neptun in Konjunktion im Steinbock. Die Spannung zwischen der Freiheitsliebe von Uranus und dem Opfersinn von Neptun blieb in seiner Ehe so lang unterschwellig erhalten, bis die Uranus/Neptun-Konjunktion Anfang bis Mitte der 90er-Jahre stattfand. Sie wurde wirksam, als Uranus bereits mit zunehmender Entfernung von Neptun die Gradzahlen erreichte, auf denen sich sein Mond in Konjunktion zu Susannes Sonne im Steinbock befindet. Dort wirkte Uranus als Zeitbombe mit großer Sprengkraft. Felix opferte in seiner langjährigen Ehe seine Uranus-Anlage, die sich sonst in einem Wechselspiel zwischen Nähe und Distanz zwischen ihm und Susanne ausgedrückt hätte. Mit dem Quadrat von Neptun zu Uranus war diese Opferbereitschaft verbunden, denn Neptun deutet in seiner Sehnsucht nach Allverbundenheit mit einem bestimmten Menschen häufig eine Opferhaltung an. Darin kann auch ein unbewusstes Schuldbewusstsein enthalten sein. Als diese Phase der Allverbundenheit mit Susanne ihrem Ende entgegenging, während eine unterschwellige Leidenschaft zunehmend das Gemüt von Felix erfasste, fand seine Ehe ein jähes Ende.

Obwohl es darüber noch keine systematische astrologische Dokumentation gibt, ist anzunehmen, dass es unter den 1955er-Jahrgängen besonders viele solche Partnerschaften mit einen jähen Ende gibt. Die Geborenen sind nach der Jahrtausendwende alle um die 50 Jahre alt. Im Jahr 1955 war Neptun zum letzten Mal in der Waage. Diese kollektive Anlage mit ihrer Sehnsucht nach Harmonie und Allverbundenheit bedeutete für die 1955 Geborenen oft, dass sie das Ende ihrer Partnerschaft als besonders dramatisch empfanden.

Herta und Martin

Anziehung durch Polarität: etwa 35 %

Die nur 35 % kommen daher, weil ihre Venus-Aspektierungen mit Uranus und Neptun keine direkte Anziehung durch Polarität bedeuten. Sie sind zu unpersönlich. Außerdem wird Uranus von beiden in der Hemmung erlebt.

Verstärkung durch Gleiches: etwa 65 %

Die 65 % kommen daher, weil die Horoskope der Partner zusätzlich Verstärkungen durch Gleiches auf der Ebene der Zeichen enthalten: Sonne und Mond sowie Venus im jeweils gleichen Element.

Grundthema der Beziehung: Eine Jahrzehnte andauernde Familiensituation: Die Partner sind mit ihrer festgefahrenen Rolle teilweise unzufrieden und reiben sich aneinander, obwohl sie sich mögen.

Polar

Sie hat ein Venus/Uranus-Sextil,
er ein Venus/Neptun-Quadrat.

Sie hat ein Venus/Uranus-Sextil,
er hat Uranus am Aszendenten (= Mars/Uranus).

Sie hat Uranus im 7. Haus (= Venus/Uranus), bedingt durch Hauptachsenumkehr bei nur zwei Jahren Altersunterschied,
er hat Uranus im 1. Haus (= Mars/Uranus).

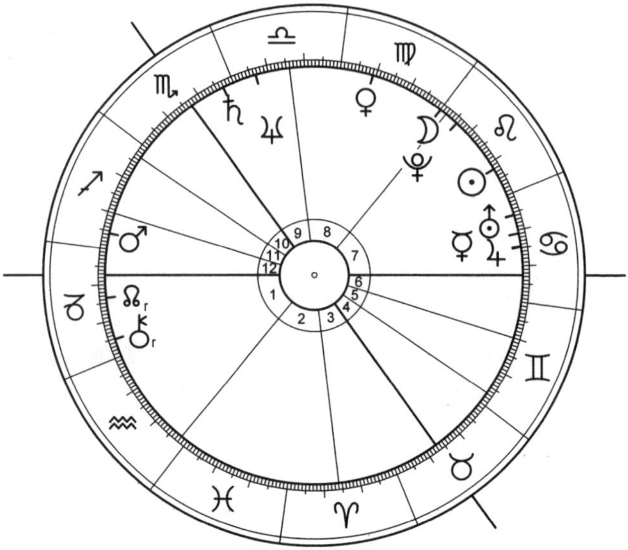

Abb. 9: Herta

Sie (54er-Jahrgang) hat einen Steinbock-Aszendenten, er (52er-Jahrgang) hat einen Krebs-Aszendenten. Dadurch entsteht eine Anziehung durch komplementäre Ergänzung auf der Begegnungsebene der Häuserachse 1/7.

Die Polarität zwischen seinem Neptun und ihrem Uranus übt nur einen geringen bewusstseinsbildenden Einfluss auf das Harmoniebedürfnis (Venus) der Partner aus. Man kann von einer teils belebenden, teils störenden Komponente sprechen, weil sein Neptun noch nicht das Quadrat zu Uranus hat, das sie dadurch hat, dass sie etwas jünger ist. Sein Venus/Neptun-Quadrat wird außerdem durch Saturn abgeschwächt, der ein gradgenaueres Quadrat zu seiner Venus bildet als Neptun.[6] Die eineinhalb Jahre später geborene Herta hat diese Konjunktion nicht mehr. Stattdessen hat sie als 54er-Jahrgang

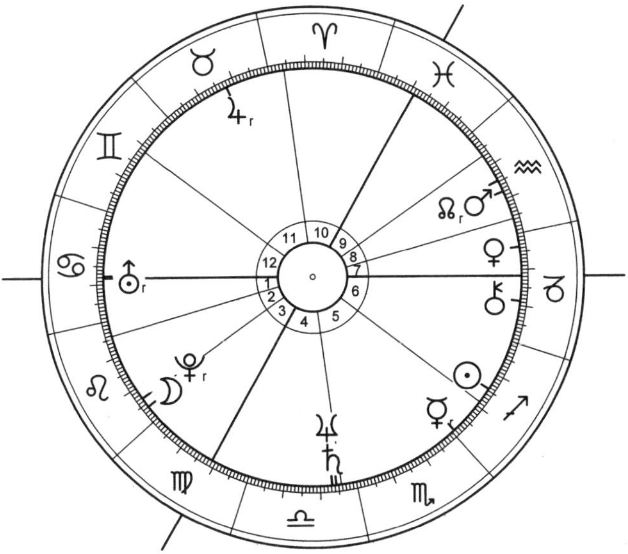

Abb. 10: Martin

ein gradgenaues Neptun/Uranus-Quadrat, so dass er ihre sozialreformerische Komponente nicht ganz versteht (Neptun steht für das Sozial-Mitfühlende, Uranus für das Reformbewusstsein).

Von weniger kollektiver Bedeutung für die Bewusstseinsbildung der Partner, aber dafür umso größerer persönlicher Bedeutung ist die zweifache indirekte Polarität von Uranus auf der Kontaktebene der Häuserachse 1/7 in der Synastrie. Allerdings können sich die Partner damit nicht ineinander spiegeln. Er wird mit seiner Männlichkeit (Mars in Konjunktion zum Aszendenten) konfrontiert, sie wird mit ihrer Weiblichkeit (Venus in 7) konfrontiert. Beide sind auf ihre geschlechtsspezifische Rolle festgelegt, ohne sich in den anderen hineinversetzen zu können.

Gleich

Sie hat eine Mond/Pluto-Konjunktion,
er eine Mond/Pluto-Konjunktion.

Sie hat ein Mond/Saturn-Sextil, er ein Mond/Saturn-Sextil.

(Beides bedingt durch gleiche Mond-Stellung, das heißt:
Mond/Mond-Konjunktion in der Synastrie.)

Die gemeinsamen Mond-Positionen bewirken einerseits, dass das Paar in vielen Bereichen gefühlsmäßig übereinstimmt, sich andererseits im Wege steht, weil eine Konkurrenzsituation entsteht, sobald man die Rolle des anderen übernimmt. Gleiches und Gleiches stößt sich bekanntlich ab, wenn es direkt aufeinandertrifft.

Spannungsaspekte zwischen Mond und Pluto weisen meist auf eine mächtige Position der Mutter hin. Die Konjunktion ist zwar weniger kritisch als die Opposition oder das Quadrat. Dennoch fühlt sich Martin von seiner Mutter manchmal auf subtile Art vereinnahmt. Dieses Verhalten überträgt sich auf seine Frau. Da sie selbst eine Mond/Pluto-Konjunktion hat und tonangebend in der Partnerschaft ist, können wir davon ausgehen, dass sie in der Mond/Pluto-Kompensation lebt, während er in der Mond/Pluto-Hemmung lebt und damit in der Wohnung die schwächere Position einnimmt.[7] Das Mond/Saturn-Sextil, das beide haben, führt zu einer nüchternen Einschätzung aller häuslichen und familiären Dinge.

Weitere Gemeinsamkeiten:

Beide haben Sonne und Mond in Feuerzeichen.

Beide haben die Venus in einem Erdzeichen.

Damit ist man mit den Zielen und Wünschen des anderen grundsätzlich einverstanden. Mit Mond und Sonne in Feuerzeichen kann man sich für gemeinsame Unternehmungen begeistern, wobei ihre Sonne wegen eines Saturn-Quadrates weniger optimistisch und großzügig ist. Mit Venus in den Erdzeichen stimmt man größtenteils darin überein, wofür Geld (Venus) ausgegeben werden soll, und man ist dabei nicht verschwenderisch. Besonders Martin mit einem Venus/Saturn-Quadrat neigt zur Sparsamkeit.

Die Geschichte ihrer Ehe

Martin und Herta, beide Anfang der 50er-Jahre geboren, lernten sich nach dem Studium auf einer Reise kennen.

Ihr Fall ist für viele andere Fälle aus dem Bildungsbürgertum stellvertretend, weil beide Partner beruflich qualifiziert sind, einer aber später zu Hause bleiben musste, um die Kinder zu versorgen. Martin war im Beruf nicht glücklich, und Herta fühlte sich als Hausfrau intellektuell unterfordert und zur Putzfrau herabgewürdigt. Ein Rollentausch zwischen Mann und Frau wäre in den 80er-Jahren nicht möglich gewesen. Zumindest wurde dieser Gedanke damals nicht in Erwägung gezogen. Paradoxerweise gab er den süddeutschen Wohnort auf, der für seine berufliche Entwicklung als Informatiker günstiger gewesen wäre. Sie hatte in einer nordrheinischen Stadt gerade eine Stelle als Biologielehrerin angenommen, als beide zusammenziehen wollten. Damit sie ihre Stelle nicht aufgeben musste, kündigte er und verließ seinen Wohnort, an dem es ein großes Arbeitsangebot gegeben hätte. An seinem neuen Wohnort gab es nur eine einzige für ihn geeignete Firma. Dies sollte ihm später noch Probleme machen.

Die Familie als Prinzip und der ganz alltägliche Ehekrach

Herta und Martin pflegen eine langjährige Partnerschaft zueinander, sind sich im Wesentlichen immer treu geblieben, haben zwei Kinder und schufen sich durch den Erwerb von

Wohneigentum eine äußerlich gesicherte Lebensform, aus der keiner mehr ausbrechen wollte. Das verwundert zunächst, zeigt doch die Stellung von Uranus in beiden Horoskopen das Potenzial zu Untreue und freiheitlichen Beziehungen an. Er hat Uranus am Aszendenten und eine weite Opposition zur Venus im 7. Haus. Sie hat eine Jupiter/Merkur/Uranus-Konjunktion im 7. Haus. Diese Konstellationen sind, für sich betrachtet, nicht förderlich für eine feste Partnerschaften mit der üblichen Rollenverteilung. Der Blick muss aber aufs Ganze gerichtet werden. Erstens nimmt ein Mann mit einer Steinbock-Venus Beziehungen zu vertrauenswürdigen und zuverlässigen Frauen mit Steinbock-Betonung sehr ernst. Er kann diesen Teil seiner Anima mit seinem Steinbock-Deszendenten auf Herta projizieren, da sie einen Steinbock-Aszendenten hat. Ein Mann mit Krebs-Aszendent ist auf Häuslichkeit ausgerichtet. Eine Frau mit Steinbock-Aszendent (Krebs-Deszendent) und einem Mond an der Spitze des 8. Hauses ist sehr gewissenhaft, zuverlässig und setzt auf Prinzipien (8. Haus), mit denen sie sich identifiziert (Mond). Mit der Venus als dem Herrscher des 4. Hauses (IC) im 8. Haus erhebt sie die Familie ohnehin zum Prinzip, an dem es festzuhalten gilt.

Was, für sich betrachtet, mit Venus in 8 im Sextil zu Uranus in 7 und mit einer Merkur/Uranus-Konjunktion in 7 zum Ehekrach und zur Androhung der Scheidung führen könnte, äußert sich bei Herta immer wieder nur als Aufstand, als Rebellion. Eine wichtige Erkenntnis bei der Beurteilung einer Anlage ist die Form, wie sie von den Partnern gelebt wird. Und wenn Uranus in der Hemmung gelebt wird, kann man nicht erwarten, dass er automatisch frischen Wind und wohltuende Abwechslung in die Beziehung bringt oder – im negativen Fall – gleich zur Trennung führt.

Bei Herta äußerte sich die Merkur/Uranus-Konjunktion in 7 in verbalen Angriffen und Nörgelei über zu wenig Mithilfe im Haushalt. Da Martin aber der Alleinverdiener war, konnte er sich auf seinen anstrengenden Beruf hinausreden. Sein Jupiter als Herrscher von 6 steht im Quadrat zu Mars. Bei einem Quadrat mit Mars wird man dazu herausgefordert, Nein zu sagen, wenn man mit sich selbst im Reinen bleiben will. Da dieser Mars aber am aufsteigenden Mondknoten steht, muss Martin diese Art, sich durchzusetzen, unter Umständen ein Leben lang lernen. Der Herrscher des aufsteigenden Mondknotens ist Uranus am Aszendenten. Dieser hat ein weites Quadrat zu Saturn/Neptun, was es ihm zusätzlich schwer macht, seinen persönlichen Freiheitsdrang über die Überstunden-Verordnung seines Arbeitgebers (Saturn ist Herrscher des Deszendenten!) zu stellen. Daher lebt Martin seinen Uranus überwiegend als Schatten. Mit der Sonne als Herrscher des absteigenden Knotens (Löwe) übernimmt er sich immer wieder und lässt sich auf Überstunden ein. Ein in der Hemmung gelebter Uranus äußert sich bei all den anderen dominanten Betonungen in seinem Horoskop als Gereiztheit, die den fast alltäglichen Ehekrach provozierte.

Herta, die von der Hausfrauenrolle nicht erfüllt war und daher noch im Umwelt- und Naturschutz tätig war, kam nicht umhin, mit zwei Kindern die Hausarbeit voll zu übernehmen, obwohl sie für dieses Ziel nicht so ehrgeizig studiert hatte, wie sie immer wieder betont. In Hertas Horoskop stehen die persönlichen Planeten Merkur, Sonne Mond und Venus in einer auf Umwelt und Gesellschaft ausgerichteten Position (3. Quadrant). Somit muss es für sie völlig unbefriedigend sein, sich ausschließlich mit privaten Dingen zu beschäftigen. Wären all diese persönlichen Planeten im vierten Quadranten, würde ihr ein überwiegendes Hausfrauen-Dasein sogar noch schwerer fallen. Dort steht nur der Mars im 12. Haus im Zeichen Schütze in einem fast gradgenauen Trigon zu Pluto, was einerseits auf einen zähen Willen, andererseits auf einen teils schwachen Mann (wegen der Stellung von Mars in 12 und einem Sextil zu Neptun) schließen lässt. Mit diesem Schütze-Mars liegt sie bei Martin dennoch richtig. Hier haben wir ein klassisches Beispiel für den Mars als Animus der Frau, den sie auf einen Sonne-Schütze-Mann überträgt. Trotzdem kommt es häufig zu Reibereien.

Die unbefriedigende Rollenverteilung zwischen den Geschlechtern

Martins Handeln und Fühlen ist mit Sonne und Mond in den Merkurhäusern 6 und 3 ziemlich pragmatisch und zugleich intellektuell. Gerade dies aber würde ihn in Verbindung mit seinem häuslichen Krebs-Aszendenten zu einer Tätigkeit als Hausmann befähigen. Durch einen Vaterschaftsurlaub hätte er sich zumindest davon überzeugen können, ob sich Hausfrauenarbeit wirklich so spielend erledigen lässt, wie Esther Vilar in ihrem Bestseller-Buch «Der dressierte Mann» Anfang der 70er-Jahre beschrieb. Außerdem hätte er zwischen einem «Job» innerhalb der häuslichen Privatsphäre «rund um die Uhr» und der von seinen Chefs geforderten Arbeitseinstellung vergleichen können. An seiner letzten langjährigen Arbeitsstelle bemängelte der Abteilungsleiter immer wieder, dass Martin sich als Marketing- und Businessmann für die inzwischen in amerikanischen Firmenbesitz übergegangene deutsche Firma nicht forsch genug einsetzen würde. Da seien aggressivere Verkaufsstrategien gefragt.

Die Antwort darauf, warum Martin für diese Rolle eigentlich nicht geeignet ist, gibt uns seine Jupiter-Stellung. Jupiter steht im 11. Haus, dem Haus der freiheitlichen Ideale, und herrscht im 6. Haus, dem Haus des pragmatischen Dienens. Mit Mars am aufsteigenden Mondknoten als Herrscher über Jupiter hat Martin einerseits die karmische Lernaufgabe, sich durchzusetzen. Mit dem Quadrat zu Jupiter ist das für Martin oft mit der Selbstüberschätzung seiner Kräfte und Angst vor dem Nein-Sagen verbunden. Er verspricht Dinge, die er letztlich nicht einhalten kann, oder er übernimmt sich, was nicht nur zu Gereiztheit, sondern zunehmend auch zu Rückenschmerzen führte. Durch seine langjährige Betriebszugehörigkeit bei einer Firma, die am gewählten Standort keine Konkurrenz zu fürchten hat, zu der Martin überwechseln könnte, steckt er in der Zwickmühle. Es ging ihm wegen seiner familiären Verpflichtungen vor allem um die Erhaltung seines Arbeitsplatzes. Von einem Aufstieg in eine höhere Position kann keine Rede sein. Der Arbeitgeber hatte schon Martins Kündigung erwogen. In der westdeutschen Grenzregion hat Martin im Gegensatz zu seinem früheren süddeutschen Wohnort keine Ausweichmöglichkeit zu einer anderen Firma. Wegen der Ortsgebundenheit seiner Familie nach dem Kauf einer Eigentumswohnung war an einen Umzug aus beruflichen Gründen nicht mehr zu denken.

Falsche Weichenstellung am Anfang

Mit Sonne, Mond, Merkur und Venus unter dem Horizont strebt Martin niemals bewusst in die Öffentlichkeit. Es läge ihm mehr, seiner Familie oder anderen Mitmenschen im engeren Umkreis zu dienen, als in einer expandierenden Computerfirma Verkaufs- und Wettbewerbsstrategien zu entwickeln. Seiner Frau würde ein Leben in der Öffentlichkeit hingegen mehr liegen. Mit Saturn nahe am MC als Geburtsgebieter und Herrscher über den aufsteigenden Mondknoten im Steinbock hätte sie die Möglichkeit, durch Ausdauer und Ehrgeiz beruflich aufzusteigen und sogar ein öffentliches Amt zu bekleiden. Die Löwe-Sonne im Quadrat zu Saturn erlebt sie aber so sehr in der Hemmung, dass kein Optimismus aufkommt. In der Kompensation[8] könnte das Quadrat sie zu beruflichen Erfolgen anspornen. Überdies ist Hertas Sonne in der Synastrie zu Martin unaspektiert, so dass sie in dieser Partnerschaft keine Impulse zur Selbstverwirklichung erfahren kann.

Daher kann man vermuten, dass Herta spätestens bei der Familiengründung mit Martin schon ihre besten Möglichkeiten der beruflichen Entfaltung verspielt hatte. Bei einer späteren Rückfrage von mir stellte sich heraus, dass es ihr gelungen war, eine qualifizierte Teilzeit-Arbeitsstelle zu bekommen, durch die sie sich ausgefüllt und aufgewertet fühlte. Dadurch hat sich die angespannte Familiensituation etwas entschärft. Gleichzeitig sind die Kinder selbstständiger geworden. Martin konnte seinen Arbeitsplatz behalten, wurde aber in seiner Position herabgestuft, nachdem die Jahresbeurteilung über seine Arbeitsleistungen nur mittelmäßig ausgefallen war.

Alternativen?

Eine bessere Chance für beide Partner, trotz eigener Familie weiter berufstätig bleiben zu können, ergäbe sich unter etwas anderen gesellschaftlichen Rahmenbedingungen. In Ländern wie den Vereinigten Staaten von Amerika ergreifen viele Eltern die Möglichkeit, ihre Kinder ganztägig betreuen zu lassen. Durch meist private Ganztagsschulen kann dort zumindest für gut verdienende Eltern verhindert werden, dass es zu einer solch einseitigen Rollenaufteilung wie zwischen Martin und Herta kommt. Kinderfeindliche Wirtschaftssysteme, die einen Elternteil dazu zwingen, ganztägig zu Hause zu bleiben, obwohl sich beide gern beruflich entfalten würden, tragen dazu bei, dass karrierebewusste Frauen keine eigenen Kinder mehr in ihr Leben einplanen. Frauen, die freiwillig auf ein eigenes Berufsleben verzichten, weil sie glauben, in der Hausfrauenrolle völlig aufgehen zu können, mögen sich zumindest bis zum Ablauf der Schulzeit ihrer Kinder noch wohl fühlen. Danach kommt aber meist die große Leere. Im Falle von Herta kann man aber nicht von Freiwilligkeit, sondern eher von einer Unterordnung durch Sachzwänge einer nicht oder zu spät hinterfragten Rollenaufteilung in der Ehe sprechen. Die Falle war mit einer konventionellen Familienplanung so schnell zugeschnappt, dass sich über ein Jahrzehnt hinweg keine ernsthaften Alternativen boten. Wenn Herta so spät noch der Einstieg in eine regelmäßige Teilzeitbeschäftigung gelungen ist, kann man dies als Glücksfall in Deutschland bezeichnen. Dies stärkt ihr Selbstbewusstsein und gibt ihr den Rückhalt, es im Falle einer Ehescheidung allein zu schaffen und nicht ausschließlich auf den Unterhalt des Mannes angewiesen zu sein.

Reflexionen zu Hertas und Martins Lage

Martin und Herta und viele andere Paare in ähnlichen Situationen haben sich konventionelle Rahmenbedingungen ausgesucht, weil diese vom gesellschaftlichen Umfeld begünstigt und von der bisherigen Wirtschaftspolitik gefördert wurden und besonders im deutschsprachigen Raum immer noch gefördert werden. So musste es kommen, dass die Uranus-Komponente in ihren Horoskopen in den Schattenbereich abgedrängt wurde. Damit konnte diese Komponente zum Nährboden für Streitereien und Handgreiflichkeiten werden. Da sich Herta mit ihrer Jupiter/Merkur/Uranus-Konjunktion bei Wortgefechten in der überlegenen Position befindet, mit der sie gelegentlich ihren Uranus in die Kompensation bringt, und Martins Saturn/Neptun-Konjunktion zu Hertas Uranus und Merkur schwierige Quadrate bildet, gibt Martin Sachzwänge wie Überstunden an, die ihn darin hinderten, Herta im Haushalt mehr zu unterstützen. Immer seltener traut er sich, sportlichen Aktivitäten in einem Verein nachzugehen, um mit Jupiter im 11. Freiheits-Haus als Herrscher des 6. Alltags-Hauses seinem Bewegungsdrang nachgeben zu können, den das Sonne/Mars-Sextil anzeigt.

Kann er sich nicht mehr rechtzeitig der Eskalation eines

Streites mithilfe von Neptun-Strategien (im Quadrat zu Hertas Merkur) entziehen, rutscht ihm im Extremfall die Hand aus, wie er einmal sagte. Dass Herta trotz dieser Ohrfeigen nicht die Scheidung einreichte, zeigt, wie groß die äußeren Vorteile sein mussten, die auch sie in ihrer Ehe sah und wie aussichtslos ihr groß angelegte Alternativen dazu erschienen. In einer Partnerschaft, in der die Polarität auf der Planetenebene zwischen den Partnern eine größere Rolle als die Gemeinsamkeiten durch Gleiches spielen würde, wäre ein solches Festhalten an einer einmal getroffenen Rollenaufteilung schwer vorstellbar. Mit anderen Worten: Es fehlt Herta und Martin an Dynamik durch mehr Planeten-Polarität im Horoskopvergleich und an der Bereitschaft, Uranus aus der Hemmung herauszubringen. Es ändert auch nicht viel daran, dass Herta zeitweilig in die Uranus-Kompensation gerät und dabei ihre Spannung blitzartig entladen kann. Martin ist nicht glücklich, immer wieder als Blitzableiter herhalten zu müssen.

Margret und Patrick

Anziehung durch Polarität: etwa 20 %

Verstärkung durch Gleiches: etwa 80 %

Die 80 % ergeben sich vor allem aus den indirekten Verstärkungen und aus Planetenbesetzungen in gleichen Zeichen. Die Partner brauchen die Verstärkung durch Gleiches aufgrund ihrer wesenhaften Starre, die sich aus der Betonung fixer Zeichen wie Wassermann und Skorpion ergibt. Der Grund für die Wahl eines Partners, der Margrets eigene Anlagen durch Gleiches verstärkt, liegt in Margrets Bedürfnis nach emotionaler Sicherheit, angezeigt durch ihre Mond-Stellung im fixen 2. Haus.

Grundthema der Beziehung: Eine auf Hilfsbereitschaft und emotionaler Sicherheit beruhende Fernbeziehung. Er ist elf Jahre jünger als sie. Sie projiziert ihr Kind-Ich (ihren Mond) auf ihn.

Polar

Sie hat ein Mond/Saturn-Quadrat,
er eine Sonne/Saturn-Konjunktion.

Damit haben sie nur eine einzige Betonung, die durch komplementäre Ergänzung etwas Dynamik in ihre Beziehung bringt. Saturn-Aspektierungen zu den Himmelslichtern sind nicht gerade aufregend. Sie dämpfen die Stimmung und bringen Er-

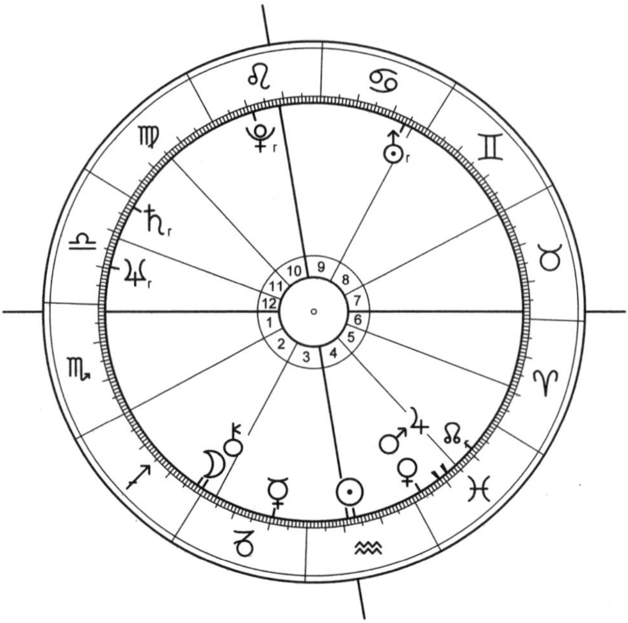

Abb. 11: Margret

nüchterung mit sich. Als Frau hätte Margret normalerweise keine Veranlassung, ihren Mond auf den Mann zu projizieren, und Patrick als Mann hätte normalerweise keine Veranlassung, seine Sonne auf die Frau zu projizieren. Wir haben es hier aber mit dem besonderen Fall einer Rollenumkehr auf der Gefühlsebene zu tun: Sie stellt den väterlich-strengen und richtungsweisenden Partner dar (sie hat eine Sonne/Pluto-Opposition!), während er als der Jüngere sich an ihr orientiert. Dies hört sich auf den ersten Blick etwas unwahrscheinlich an. Solch ungewöhnliche Fälle gibt es aber hin und wieder, und dies nicht nur wegen des Altersunterschiedes. Margret erlebt ihren Mond weitgehend als Schatten, und Patrick erlebt seine Sonne weitgehend als Schatten. Das kommt nicht von ungefähr, denn die mit Saturn aspektierten Planeten (hier die Himmelslichter) können grundsätzlich leicht Schattencharakter annehmen.

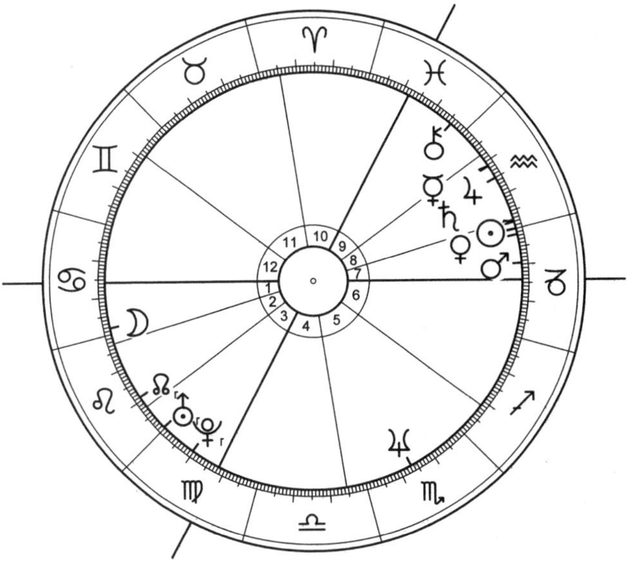

Abb. 12: Patrick

Mit Mond/Saturn hat man wenig Eigenliebe, was meist daher kommt, dass man in der Kindheit von einem Elternteil, meist der Mutter, eine geringe Zuwendung erfuhr. Als Erwachsener glaubt man dann, die Zuwendung, die man gerne hätte, von einem Partner nicht erwarten zu können. Manche Frauen mit Mond/Saturn wollen auch keine eigenen Kinder, weil sie bei ihren eigenen Kindern nicht das wiederholen wollen, was ihnen angetan wurde. Andere mit dieser Aspektierung wollen dagegen die perfekte Mutter sein. Margret wollte tatsächlich nie eigene Kinder, dafür hat sie jetzt einen jüngeren Lebenspartner mit einer Mond/Krebs-Betonung.

Seine Betonung des 7. Hauses als schattenhafte Anima.

Mit der Sonne/Venus-Konjunktion ist das ganze 7. Haus ein Teil von Patricks Anima und zugleich schattenhaft. Die Venus hätte für ihn als Mann naturgemäß als einziger Planet eine Anima-Funktion. Da sie gerade noch im Steinbock steht – die Sonne steht schon auf 0° Wassermann –, kann man sagen, dass er eine Vorliebe für ältere (Saturn-)Partnerinnen (Venus) hat. So liegt er mit einer elf Jahre älteren Partnerin bei Margret genau richtig. Die Konjunktion seiner Venus (Partnerin) mit seiner Sonne (das Väterliche) zeigt an, dass Margret eben diese «väterlichen» Charakterzüge aufweist, die er sucht und braucht.

Der Mars wird von einem Mann in der Regel nicht projiziert. Da er bei Patrick aber am Deszendenten steht, der alte Herrscher des Zeichens Skorpion ist und Margret einen Skorpion-Aszendenten hat, dürfen wir davon ausgehen, dass er sogar seinen Mars zu einem großen Teil auf Margret projiziert. Somit haben wir hier den ungewöhnlichen Fall, dass ein Mann den größten Teil seiner männlichen Anlagen, nämlich Sonne und Mars, auf die Frau projiziert. Wir können also von einer Geschlechterrollenumkehr sprechen.

Indirekte Polarität: Sie hat den Mond in 2 (= Mond/Venus), er hat den Mond in 1 (= Mond/Mars). Dies bedeutet, dass seine Impulsivität bei ihr gut ankommt und dass er ihre emotionale Stabilität schätzt.

Gleich

Sie hat ein Merkur/Neptun-Quadrat,
er ein Merkur/Neptun-Quadrat.

Neptun/Merkur bedeutet meist, dass man viel Fantasie und ein großes Vorstellungsvermögen hat. Es kann aber auch bedeuten, dass sich die persönlichen Vorstellungen nicht mit den Bedingungen des Alltags und der Gesellschaft in Übereinstimmung bringen lassen. Tatsächlich weichen Margrets und Patricks Lebensart vom Üblichen beträchtlich ab. Wer so gelagert ist, hat nur durch Alternativen (Neptun) zum normalen Alltag (Jungfrau-Merkur) reale Überlebenschancen. Beide Partner stehen nicht in einem normalen Arbeitgeber-/Arbeitnehmer-Arbeitsverhältnis. Sie leben auch nicht in einer eheähnlichen Versorgungsgemeinschaft. Sie leben getrennt voneinander in einer Fernbeziehung und müssen finanziell nicht füreinander aufkommen.

Ein weiteres Thema von Neptun ist das Helfen. Grundsätzlich sind Bereiche im Horoskop, die mit Neptun/Fische in Verbindung stehen, in der gehemmten Form ein Ausdruck von Hilflosigkeit, in der Kompensation ein Ausdruck von Hilfe für andere und in der reifen Form ein Ausdruck dafür, dass man sich selbst ebenso hilft wie anderen. Wie wir später sehen werden, ist Patrick mehr der hilflose, Margret mehr der helfende Partner. Somit haben wir hier eine Abhängigkeit sowohl auf der Ebene der Hilfsbedürftigkeit als auch auf der Ebene des Helferdrangs.

Gemeinsamkeiten auf der Zeichenebene

Beide haben Venus und Mars jeweils im selben Zeichen: sie in den Fischen, er im Steinbock.

Beide Zeichen sind in miteinander befreundeten Elementen, nämlich Wasser und Erde. Auch wenn man bei ihm mit einem Orbis von 8° nicht mehr von einer Konjunktion sprechen kann – bei ihr sind es noch 6° –, ist dies eine weitere Gemeinsamkeit, die das Gefühl der Zusammengehörigkeit fördert.

Beide haben die Sonne im Wassermann (= Sonne/Uranus).

Da Wassermann ein fixes Zeichen ist und meist mit Freiheitsliebe in Verbindung gebracht wird, muss man hier sagen, dass die Partner auf ihre besondere Art der Freiheit fixiert sind. Sie lehnen es zum Beispiel ab, sich vom anderen Vorschriften darüber machen zu lassen, wie sie zu wohnen haben und wie es in der Wohnung auszusehen hat. Mit einer Wassermann-Sonne im 4. Haus (Wohnen und Geborgenheit!) pflegt Margret überdies einen außergewöhnlichen und zugleich geschmackvollen Wohnstil.

Gemeinsamkeiten zwischen der Planeten- und der Häuserebene

Beide Partner haben eine starke Mond-Betonung: Sie hat Sonne, Venus, Mars und Jupiter im 4. Haus, er hat den Aszendent und den Mond im Krebs.

Wie bereits oben gesagt, erfährt sie ihren Mond in 2 im Quadrat zu Saturn in 11 eher schattenhaft. Jupiter, der über ihren Schütze-Mond herrscht, steht ebenfalls im 4. Haus. Mit dieser Betonung im 4. Haus schafft sie sich jedoch einen sehr individuellen und ästhetischen Rückzugsbereich, in dem sie sich wohlfühlen kann. Mit anderen Worten: Das 4. Haus ist der Hintergrund, auf dem sich die Planeten mondhaft konditionieren. Dies zeigt, dass man die Planeten- und die Häuserebene nicht wahllos miteinander vermischen darf. Auf der Planeten-/Zeichenebene ist man von Geburt an kosmisch oder erblich vorgeprägt, während man auf der Häuserebene Gestaltungsmöglichkeiten hat und seine Planeten-Anlagen dort konditionieren kann. Deshalb braucht Margret ihren Mond nicht vollständig auf Patrick zu projizieren. Lediglich ihr zu kurz gekommenes Kind-Ich projiziert sie auf ihn. Durch Jupiter in 4, der den Mond beherrscht, schafft sie es, ihre Wohnung als einen Ort der Geborgenheit und Gemütlichkeit einzurichten. Über die Häuser ist es möglich, den Handlungsspielraum zu erlangen, in dem der freie Wille bei der Gestaltung des eigenen Schicksals zum Einsatz kommt. Da sich Patricks Mond-Betonung und die Betonung durch den Aszendenten lediglich auf der Zeichenebene (Krebs) niederschlägt – sein 4. Haus ist nämlich leer –, liegen seine Möglichkeiten, diese Krebs-Anlage zu konditionieren, nicht im selben Bereich wie bei Margret. Seine Mond-Anlage, das heißt seine kindlichen und unbefangenen Gefühle, konditionieren sich über sein Gesamt-Erscheinungsbild über den Aszendenten und das 1. Haus. Er zeigt seine Impulsivität auf eine direktere und unbefangenere Weise, als es den meisten Menschen möglich ist. Margret ist mit einem Skorpion-Aszendenten wiederum geheimnisvoller und kontrollierter. Patrick bietet sich damit als Projektionsfläche für Margrets Mond an, die von ihrem Kind-Ich durch ein Mond/Saturn-Quadrat und einer Mond/Chiron-Konjunktion weitgehend abgeschnitten ist.

Wichtiger Zwischenaspekt: Sein unaspektierter Mars herrscht im 11. Haus, ihr Merkur herrscht im 11. Haus. Margret und Patrick haben eine Merkur/Mars-Konjunktion zwischen ihren Elfthausherrschern in der Synastrie.

Dies bedeutet: Sie unterstützen sich gegenseitig in ihren Freiheits- und Freundschaftsidealen und respektieren den Sicherheitsabstand, den jeder zum anderen braucht. Bekanntlich stellen die fixen Häuser Reviere dar, die jeder zu seiner Sicherheit braucht. In Margrets und Patricks Beziehung delegieren die Herrscher die Qualitäten des 11. Hauses jeweils an den Partner. Margret lässt Patrick das machen (Mars), was er tun muss, um sich nicht eingeengt oder bevormundet zu fühlen (11. Haus). Patrick lässt Margret über alles reden (Merkur), in dem Glauben, dass sie ihm trotz gelegentlicher Kritik an seiner Schlamperei in der Wohnung im Grunde volle Zustimmung für das gibt, was er macht oder nicht macht (sein Mars im Quadrat zu Margrets Neptun). Tatsächlich genießt er sogar Narrenfreiheit bei ihr und weiß es vielleicht nur nicht. So viel Toleranz können beide einander aber nur durch den «Sicherheitsabstand» der 60 Kilometer weit auseinanderliegenden Wohnorten einräumen.

Eine Besonderheit in der Synastrie

Sein Mond steht in ihrem 9. Haus und bildet jeweils zu ihrem Mond und zu ihrer Venus einen Quinkunx. Ihr Mond ist mit ihrer Venus durch ein weites Sextil verbunden. Zusammen mit

Patricks Mond bilden sie eine Yod-Figur. Dieses Wechselspiel schafft auf der Gefühlsebene eine Ambivalenz. Von außen betrachtet, schien dieses Paar in den ersten zehn Jahren immer kurz davor zu sein, sich zu trennen. In Wirklichkeit befanden sie sich auf einer niemals endenden Gratwanderung. Wenn es zum Absturz vom Grat in die Tiefe käme, dann für beide gleichzeitig. Der plötzliche Tod des einen könnte unter Umständen den Tod oder eine schwere anschließende Krise des anderen Partners auslösen. Yod-Figuren in der Synastrie deuten fast immer darauf hin, dass es dabei um Leben und Tod oder um tiefgreifende innere Wandlungen geht, die einen psychischen Tod bedeuten.

Die Art ihrer Beziehung und ihre persönlichen Hintergründe

Ihre Beziehung ist keine sehr lange Geschichte. Die beiden sind auch nicht so stark miteinander konfrontiert, wie dies in Partnerschaften normalerweise üblich ist. Trotzdem ist die Beziehung verbindlich. Margret machte die Bekanntschaft zu ihrem elf Jahre jüngeren Partner erst im Alter von 42 Jahren. Davor hatte sie immer nur unverbindliche Liebschaften. Dies ist vorstellbar, wenn man bedenkt, dass sowohl Mars, ihr alter Aszendentenherrscher, als auch ihre Venus als Deszendentenherrscher beide in den Fischen stehen. Nach ihren Angaben hatte sie immer eine «Beziehungsphobie» gehabt. Patrick war der erste Partner in ihrem Leben, zu dem der Kontakt nicht schon nach relativ kurzer Zeit abbrach. Davor hatte es nur einen einzigen mehrjährigen Freund in Margrets Leben gegeben, der sich die meiste Zeit im Ausland befand. Er starb in jungen Jahren.

Margret hat fast keine familiären Bindungen und fast keine Kontakte zu noch lebenden Verwandten, aber seit langem bestehende Freundschaften. Sie fand in ihrer Herkunftsfamilie kein Verständnis für ihre freiheitliche Lebensart. Zu ihrer Mutter hatte sie ein distanziertes und kühles Verhältnis. Sie sprach nicht oft und auch nicht gern über ihre Mutter. Es ist immer der Eindruck entstanden, dass Margret etwas unter den Tisch gekehrt hat. Das Mond/Saturn-Quadrat und die Mond/Chiron-Opposition geben einen deutlichen Hinweis darauf, dass Margret das Kindliche nicht voll ausleben durfte. Der Schütze-Stellung ihres Mondes ist es wahrscheinlich zu verdanken, dass sie über ihre relativ früh verstorbene Mutter nie schlecht gesprochen hat. Zum Vater konnte sie nach dem Tod ihrer Mutter einen recht guten Kontakt herstellen, und er überschrieb ihr schließlich sogar seine Eigentumswohnung. Sonne und Mars im 4. Haus bedeutet, dass sie von männlicher Seite Unterstützung bei der Sicherung ihrer Wohnsituation bekommen kann. Sie hat noch einen Bruder, dessen spießbürgerliche Lebensweise für sie sehr abschreckend ist, so dass sie den Kontakt zu ihm meidet.

Patricks Vorgeschichte steht im Kontrast zu Margrets Geschichte. Er ist sehr stark in seiner Herkunftsfamilie verankert und wohnt mit über 40 Jahren noch zu Hause. Seine Wohnung hat zwar einen eigenen Eingang, so dass er nicht ständig mit seinen Eltern konfrontiert ist, die Abhängigkeit ist für ihn aber spürbar. Patrick ist Musiker, hat aber kaum öffentliche Auftritte. Er gibt Musikunterricht, kann aber seinen Lebensunterhalt davon nicht bestreiten. Eine andere Verdienstmöglichkeit hat sich für ihn nicht ergeben. Eine zeitweise auftretende Zwangsneurose beeinträchtigt ihn immer wieder im Alltag, so dass ein regelmäßiger Arbeitsablauf erschwert oder gar unmöglich ist (siehe auch Merkur/Neptun). Dieses psychische Leiden war zu Beginn seiner Beziehung mit Margret noch kaum oder nur ansatzweise zu erkennen, und es bestand immer wieder Hoffnung auf eine wirksame Therapie. Da Margret mit seiner zeitweiligen Neurose inzwischen gut umgehen kann, war und ist ihre Beziehung zu ihm nicht gefährdet. Eher das Gegenteil ist der Fall. Die Beziehung hat sich trotz der psychischen Belastung über ein Jahrzehnt als sicher und stabil erwiesen.

Ihr stark betontes 4. Haus als Betätigungsfeld zum Geldverdienen

Während bei Patrick die Mond-Betonung auf der Zeichenebene (Krebs) liegt, liegt sie bei Margret auf der Häuserebene (4. Haus).

Margrets 4. Haus ist mit Sonne, Venus, Mars und Jupiter besetzt. Bis auf die Venus handelt es sich um eine männliche Planetenbesetzung. Wir können also annehmen, dass sie dieses Feld überwiegend aktiv gestaltet. Margret lebt ihren männlichen Persönlichkeitsanteil größtenteils selbst. Deshalb müssen wir den Anteil von Sonne und Mars suchen, der als ihr Animus übrig bleibt. Wie stellt sie sich ihren Partner vor? In Patricks Geburtshoroskop finden wir zumindest eine Wassermann-Betonung. Somit können wir davon ausgehen, dass Margrets Wassermann-Sonne noch genügend Animus-Anteile enthält, obwohl die selbst verwirklichten Sonne-Anteile überwiegen. Mars als primärer Animus hat ein Trigon zu Uranus. Dies bestätigt nur, dass Margrets Animus wassermännischer, also uranischer Art ist, wenn wir berücksichtigen, was Patrick ihr als Projektionsfläche bietet. Hier stellt sich nun die Frage, wie weit das Neptun/Fische-Prinzip als Animus-Faktor für Margret in Frage kommt, weil Mars in den Fischen und die Venus als Deszendentenherrscher ebenfalls in den Fischen stehen. Der Deszendent wird grundsätzlich immer auf den Partner projiziert, und wenn das 7. Haus leer ist, nimmt der Herrscher von 7 die Projektion auf. Patrick hat aber keine Neptun/Fische-Betonung. Wir gehen also davon aus, dass Margret diese Animus-Anteile über andere Personen männlichen Geschlechts auslebt oder dass frühere Freunde neptunbetont waren. Es hat diesen früheren Freund gegeben, dessen Geburtszeit unbekannt ist. Wir können aber damit rechnen, dass er neptunbetont war, weil er früh an übermäßigem Rauschgiftkonsum starb. Wir können annehmen, dass Margret ihren

Neptun als Animus-Anteil inzwischen nicht mehr auf Männer richtet, denn in der Hippiezeit der frühen 70er-Jahre war sie selbst drogenabhängig.

Welche Bedeutung hat Margrets starke Betonung des 4. Hauses noch? Da die Sonne im 10. Haus herrscht, spielt ihre berufliche Ausrichtung mit hinein. Diese ist für sie lebenswichtig, da sie vom selbst verdienten Geld lebt. Jupiter als Herrscher des Geldhauses (2) steht ebenfalls in 4. Da die Venus über den Deszendenten herrscht, spielen Partnerschaften und alle Kontaktpersonen mit hinein, die ihr Selbstwert (Venus) verschaffen. Mars als Herrscher des Hauses der Gesundheit und des Arbeitsalltags (6) steht in Konjunktion mit Jupiter im 4. Haus. Margrets ist Physiotherapeutin und ihr Arbeitsbereich ist die Wohnung (4. Haus) des Patienten oder Klienten. So muss sie keinen Praxisraum mieten und kann nach Beendigung der Anwendung dem Arbeitsplatz termingerecht verlassen. Kämen die Klienten zu ihr in die eigene Wohnung, würde es ihr zu eng und zu persönlich werden.

Wir fassen zusammen: Alles, was mit Beziehungen, Selbstwert, Verdienst und Beruf zusammenhängt, ist bei Margret in erster Linie von dem abhängig, was im 4. Haus geschieht. Der Herrscher von 4 ist der Uranus in 9, und der Herrscher von 9 ist der Mond in 2. Der Herrscher von 2 ist der Jupiter in 4. Wir haben also ein «Herrscher-Karussell», das sich über die Häuser 2, 4 und 9 bewegt, wobei die Schlüsselstellung in 4 mit der Sonne liegt.

Wenn wir an Nestwärme und Verwurzelung im Sinne des 4. Hauses denken, dann steht Margrets Sonne in einer starken Position. Der Vater (die Sonne) hat ihr die Botschaft hinterlassen, dass man nur frei (Wassermann) sein kann, wenn man sein eigener Chef (Pluto) ist. Auch der Vater arbeitete als Selbstständiger. Mit der weiten Pluto-Opposition hängt die Möglichkeit, ihr eigener Chef zu sein, allerdings von Grundsätzen ab, die nur mit Pluto als Aszendentenherrscher durchgesetzt werden können. Da die Himmelsmitte im Sonnenzeichen Löwe steht, ist die Opposition zum Pluto im Löwen kein großes Problem. Trotzdem ist eine Freiheit, die nur über die Durchsetzung von Prinzipien möglich ist, nichts, was Margret in den Schoß gelegt wird. Mars, der alte Aszendentenherrscher, ist mit einer Konjunktion zu Jupiter zwar aktiv bis zur Übertreibung, was in den Fischen auch noch zur Sucht werden kann. Mit den Trigonen zu Uranus in 9 kann Margret aber immer noch rechtzeitig die Phase der Überaktivität abbrechen (Uranus), bevor Mars als Herrscher des 6. Hauses Arbeitssucht zur Krankheit werden lässt.

Nun wäre es eine interessante Frage, wie es mit dieser starken Besetzung im 4. Haus denn aussähe, wenn Margret eigene Kinder hätte. Es ist ja bekannt, dass Frauen mit vielen Planeten in 4 sehr familienbezogen und kinderliebend sein können. Wahrscheinlich ist ein Hausfrauendasein als Mutter die häufigste Form für eine Frau, ihre Anlagen in einem stark besetzten 4. Haus zu konditionieren. Ich habe aber nicht zuletzt dieses Fallbeispiel ausgewählt, um zu demonstrieren, dass es auch ganz anders sein kann. Dabei kann man nicht einmal sagen, dass Margret ihre Anlagen in 4 nicht leben würde. Sie ist sogar sehr erfolgreich darin, aber sie stellt zu all den anderen Frauen, die nicht in dieser Weise «ihren Mann stehen», ein Gegenbeispiel dar. Natürlich wäre die Möglichkeit, das 4. Haus als Bühne für ein Familienleben mit einem so kinderlieben (weil krebsbetonten) Mann wie Patrick zu wählen, theoretisch auch möglich. Nicht aber mit ihrer Mond-Stellung. Nicht umsonst hat Margret sehr darauf geachtet, dass sie durch Patrick nicht unfreiwillig schwanger wird.

Wenn wir uns in der Betrachtung von Margrets Horoskop nur auf das 4. Haus als ein familienfreundliches Betätigungsfeld voreilig festgelegt hätten, ohne sie zu kennen, wären wir damit vielleicht auf eine falsche Fährte gelockt worden. Nun hinterher zu sagen: «Ja, aber mit einer Wassermann-Sonne wäre eine Frau sowieso nicht traditionell familienfreundlich eingestellt» kommen wir nicht weiter. Lassen wir uns nicht täuschen: Wenn wir danach suchen, finden wir durchaus jede Menge Hausfrauen und Mütter mit einer Wassermann-Sonne! Vor groben Vereinfachungen und Verallgemeinerungen sei in der Astrologie also gewarnt!

Margrets schwierige Mond-Stellung und die Tatsache, dass sie ihren Mond weitgehend auf einen Partner projiziert, wie das normalerweise nur ein Mann tun würde, ist die Hauptantwort auf die Frage, warum diese Frau die für ihr Geschlecht sonst so häufige Rolle nicht einnimmt. Wenn man die Fürsorglichkeit betrachtet, mit der sie ihre Klienten bei einer medizinischen Massage und einer alternativen Beratung behandelt, dann haben wir ähnliche Tendenzen wie bei einer Mutter, die ihre Kinder umsorgt.

Eine Besuchsregelung unter fest liierten Partnern

Die am Anfang in der Übersicht aufgezeigte Polarität zwischen Margrets Mond- und Patricks Sonne-Aspektierung ist der Grund dafür, dass es zu einer Regelung mit festen Besuchszeiten gekommen ist, um dem gegenseitigen Gefühlsaustausch Raum zu geben. Bei einer zweifachen Neptun-Aspektierung in der Synastrie (sein Neptun im Quadrat zu ihrem Mars und ihre Sonne im Quadrat zu seinem Neptun) würde ihre Beziehung sonst unübersichtlich werden. Damit könnte sie von ihm nach mehreren Tagen des Zusammenseins immer wieder frustriert sein, weil er bei ihr unerfüllbare Wünsche weckt und sie ihn dann mit Kritik verletzt. Ihr Steinbock-Merkur trifft seinen Mars als Herrscher von 11 an seinem Deszendenten dann manchmal so hart, dass er sich von ihr sofort distanzieren muss, um mit seinem Widder in 11 unangreifbar zu bleiben. Es tut ihr auch nicht gut, mit einem Menschen ganz zu verschmelzen, obwohl es zu ihrer Fische-Betonung passen würde. Darin ist sie widersprüchlich veranlagt, weil ihre Uranus-Betonung dies nicht zuließe. Es würde zu den Wassermann-Sonnen beider

Partner auch deshalb nicht passen, weil damit ihr Bedürfnis nach dem Wechselspiel von Nähe und Distanz zu kurz käme. Das Trigon von ihrem Jupiter (der das 2. Haus beherrscht und somit gerne sein Revier sichert) zu seinem Neptun trägt ebenfalls zur Auflösung einiger Begrenzungen bei, die jeder Mensch zur Wahrung seiner Eigenständigkeit braucht. Dieser Aspekt trägt aber gleichzeitig dazu bei, dass nach Verstimmungen immer wieder Optimismus und Vertrauen aufkommen können. Zwischenaspekte sind wichtig für die Leitfähigkeit von Inhalten. Der Inhalt oder das Wesen der Partner ist vor allem uranisch wegen der starken Wassermann-Betonungen. Deshalb ist die Opposition von Patricks Uranus zu Margrets Venus so wichtig, damit sie von seinem exzentrischen Freiheitsempfinden etwas spürt.

Margrets Eigenständigkeit hat einen Schwachpunkt, der in ihrer Fische-Betonung liegt. In diesem für ihre Durchlässigkeit bekannten Zeichen stehen Mars, Venus und Jupiter. Mars bestimmt als Herrscher von 6 über den Alltag im engeren Umkreis des 4. Hauses. Er wirkt als alter Aszendentenherrscher (ihr Aszendent ist Skorpion) bei der Durchsetzung ihrer persönlichen Eigenart mit. Die Venus als Deszendentenherrscher regelt alle Kontakte, zu denen es im 7. Haus der Begegnung kommt, während Jupiter als Herrscher von 2 für Margrets materielle Sicherheit zuständig ist. Um dieser Abgrenzungsschwäche vorzubeugen, mit der das Zeichen Fische diese Planeten einfärbt, ist sie auf ihr praktisches Denken angewiesen, mit welchem sie immer rechtzeitig einen Riegel vorschieben kann, wenn ihr Grenzüberschreitungen durch andere drohen. Saturn ist hier gefragt, und er herrscht im 3. Haus des kausal gerichteten Denkens, in dem auch ihr Merkur platziert ist. Über ihren Saturn im Quadrat zu ihrem Mond ist es Margret möglich, sich und ihrem Partner eine Besuchsregelung zu verordnen, die ihr und Patrick einen äußeren Rahmen gibt, durch den ihre Beziehung überschaubar bleibt.

Margrets Merkur im 3. Haus herrscht auch über den absteigenden Mondknoten in Haus 11 in der Jungfrau. Dort, in diesem fixen Haus, liegt ihr altes Karma, welches ihr das Bewusstsein verleiht, etwas Besonderes zu sein und sich vom Durchschnittlichen abzuheben. Durch diese Besonderheit ihres Wesens erklärt sich ihre Vorliebe für Gleichgesinnte, für die sie mit Saturn in 11 eine «treue Seele» ist. In den fixen Häusern möchte man etwas sichern, während man in den beweglichen Häusern etwas abgeben und sich damit erleichtern möchte. In Margrets Liebesbeziehung zu Patrick überwiegt ja das Fürsorgliche und das Freundschaftliche. Um immer wieder zu sich zu finden, könnte sie es nicht ertragen, von ihm ständig belagert zu werden. Er hat ja mit seiner starken Du-Ausrichtung, die durch die Planetenbesetzung in den Häusern 7 und 8 angezeigt ist, kein so starkes Rückzugsbedürfnis und könnte normalerweise noch andere Kontakte nebenher pflegen, ohne dass es ihm zu viel werden würde. Mit Steinbock und Saturn auf der Du-Seite seines Horoskops können das aber nur ernsthafte Kontakte sein. Auffällig ist dabei, dass der Herrscher von 7 in 7 ist, so wie auch der Herrscher von 1 in 1 ist. Aszendenten- und Deszendentenherrscher sind somit zugleich Endherrscher und nur durch eine Opposition miteinander verbunden. Dies ergibt eine extreme Spannung auf der Begegnungsachse. Patrick hat damit einerseits ein extremes Kontaktbedürfnis, kann sich aber andererseits nur schwer jemandem öffnen. Und so bleibt Margret letztlich sein einziger dauerhafter und zugleich intensiver Kontakt. Bei Margret ist dies ganz anders. Aszendenten- und Deszendentenherrscher haben mit 6° eine weite Konjunktion zueinander, wenn man Mars als den alten Herrscher von Skorpion betrachtet. Die Trigone zu Uranus zeigen, dass sie Abwechslung durch andere Kontaktpersonen braucht, mit denen sie im Gegensatz zur festen Beziehung kein enges Verhältnis eingeht. Sie pflegt noch ein paar feste, aber wenig intensive Freundschaften. Um diese Gegensätzlichkeit der beiden Partner «auf die Reihe» zu bringen, ist eine gefühlsmäßige Übereinkunft zwischen den Partnern nur innerhalb eines strengen Rahmens möglich.

Zusammenfassung

Fassen wir also zusammen: Durch eine Rollenumkehr auf der Gefühlsebene zwischen Mann und Frau stellt Margret den «väterlichen» und richtungsweisenden Partner dar und kommt über Patricks unbefangen-kindliche Art in Berührung mit ihrem schattenhaften Kind-Ich. Da sie in ihrer Kindheit von ihrer Mutter häufig streng gemaßregelt wurde, kann sie ihre lunaren Schwankungen nicht ohne Schuldgefühle zulassen. Sie kann daher nur in einer Partnerschaft aufgehen, in der sie ihrem Lebensgefährten etwas geben kann, was sie glaubt ihm zu schulden. Wenn dies mit einer Rollenumkehr möglich ist, stimmt die «Sache» für beide, solange er bereit ist, von ihr väterliche Zuwendung anzunehmen. Er kann sich ihrer sicher sein, solange er ihrer Besuchsregelung zustimmt. Ohne die Gemeinsamkeit der disharmonischen Mond/Saturn-Aspektierungen wäre eine solche Besuchsregelung nicht denkbar. Ohne die Polarität zwischen seiner Sonne und ihrem Mond, die durch die jeweiligen Saturn-Aspekte eine gegenseitig Spiegelung mit vertauschten Rollen ermöglicht, wäre keine Dynamik in ihrer Beziehung. Man mag sich fragen, worin sich denn eine Dynamik zwischen Partnern entwickeln kann, deren Gefühlsaustausch nur innerhalb einer Besuchsregelung möglich ist.

Was das «Helfersyndrom» anbelangt, das sich bei Margret zeitweilig ins Unerträgliche steigerte, so kann angenommen werden, dass auch sie von Patrick abhängig ist, weil sie über ihn am besten an ihr schattenhaftes Kind-Ich herankommt. Sollte Patrick «erwachsen» werden und sich mehr auf eigene Füße stellen, müsste sie ihre Mond-Projektion wahrscheinlich zurücknehmen. Wie die Erfahrung zeigt, kommt es bei den meisten Paaren nicht zur Rücknahme von Projektionen, solange die Partnerschaft andauert. Viele Partnerschaften beruhen auf einer gegenseitigen Projektion bis zum Tod eines Partners. Dabei handelt es sich meist um mehr als um die «natürliche Übertragung» von der Anima des Mannes auf die Partnerin und vom Animus der Frau auf den Partner. Meist findet auch noch eine gegenseitige Schattenprojektion statt. Fällt der Schatten mit der Anima oder dem Animus zusammen, sind die Partner am stärksten miteinander verstrickt.

In diesem Fall sind sie es ganz eindeutig. Sie kommen kaum voneinander los, weil jeder für den anderen schwer ersetzbar ist. Schließlich ist nicht mit jedem anderen Partner eine Geschlechterrollenumkehr möglich. Und das wissen auch beide.

Aline und Pascal

Anziehung durch Polarität: etwa 50 %

Verstärkung durch Gleiches: etwa 50 %

Grundthema der Beziehung: Eine beruflich ehrgeizige Frau und ihr 17 Jahre älterer Lebensgefährte im Ausland.

Polar

Sie hat eine Sonne/Uranus-Opposition,
er ein Mond/Uranus-Trigon.

Sie hat eine Mond/Neptun-Opposition,
er eine Sonne/Neptun-Konjunktion.

Beide können sich über ihre Uranus-Konstellationen gut im anderen spiegeln. Die Sonne als ihr Animus und der Mond als seine Anima finden jeweils im Wesen des Partners ihr Gegenstück. Beide vertragen das uranische Wechselspiel von Nähe und Distanz relativ gut, was auch wichtig ist, um eine Fernbeziehung mit über tausend Kilometer voneinander entfernten Wohnorten führen zu können.

Über die Mond/Neptun-Aspekte können sie sich zwar nicht ineinander spiegeln, weil Aline mit ihrem Mond (ihrer Weiblichkeit) und Pascal mit seiner Sonne (seiner Männlichkeit) konfrontiert wird. Da ihr Mond in Konjunktion mit dem auf-

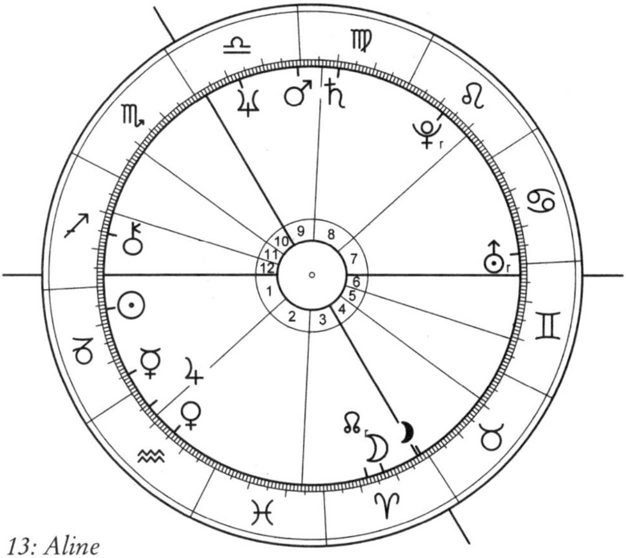

Abb. 13: Aline

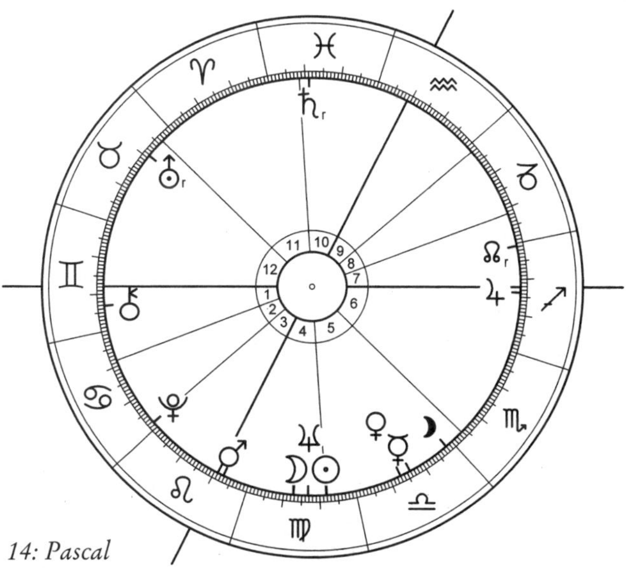

Abb. 14: Pascal

steigenden Mondknoten steht, ist die Konfrontation mit ihrem eigenen Kind-Ich (Mond) und mit ihrer Spontaneität für ihre Entwicklung aber eine große Chance. Durch die etwas schwierige Vater-Beziehung (Sonne im Steinbock und Sonne/Mars-Quadrat) konnte sie kein unbefangenes Kind sein. Durch den 17 Jahre älteren Lebensgefährten wird sie nun als Erwachsene wieder mit ihrem Kind-Ich, mit ihrer spontanen und unbefangenen Art konfrontiert, die in ihrer Kindheit nicht richtig zum Vorschein kommen konnte. Mit Neptun am absteigenden Mondknoten war diese Kindhaftigkeit verschleiert. Ihre Mond/Neptun-Opposition, die sich mit ihrer Mondknotenachse deckt, ist ein karmisches Entwicklungsthema. Da Pascal die Mond/Neptun-Thematik selbst – nicht nur durch den Altersabstand bedingt – in einer reiferen und komplexeren Form erlebt, kann er mit Alines Vater-Problematik gut umgehen.

Gleich

Sie hat eine Mond/Neptun-Opposition, er eine Mond/Neptun-Konjunktion.

Über diese Gemeinsamkeit unterstützt Pascal Aline auf dem Weg zur Entwicklung ihrer spontanen (Feuer-Mond) und intuitiven (Neptun) Fähigkeiten. Obwohl ihr Mond keine Quadrate hat, ist es für sie schwer, nach ihren Gefühlen zu handeln, weil der Mond die einzige persönliche Feuerbesetzung in ihrem Horoskop ist und weil das Mond-Zeichen Krebs im 7. Haus eingeschlossen ist.

Hauptachsenumkehr

Sie hat einen Schütze-Aszendenten, er hat einen Zwillings-Aszendenten. Dadurch entsteht eine Anziehung durch komplementäre Ergänzung auf der Begegnungsebene der Häuserachse 1/7. Mit anderen Worten: Ein Teil von Alines Anima (Zwillinge-Deszendent) wird von Pascal und ein Teil von Pascals Anima (Schütze-Deszendent) von Aline abgedeckt.

Absender

Name

Strasse

PLZ / Ort

Telefon

e-Mail

Diese Karte habe ich folgendem Buch entnommen:

Senden Sie Ihren Prospekt bitte auch an:

Name

Strasse

PLZ / Ort

Bitte freimachen, falls Marke zur Hand!

Antwort

Chiron Verlag
Postfach 1250

D-72002 Tübingen

Ich interessiere mich besonders für:

- [ ] Horoskopdeutung
- [ ] Prognose
- [ ] Partnerschaftsastrologie
- [ ] Mundanastrologie
- [ ] Stundenastrologie
- [ ] Astromedizin
- [ ] Astro *Karto*Graphie
- [ ] Horoskopdatenbanken
- [ ] Ephemeriden
- [ ] Geschichte der Astrologie
- [ ] Neue Planeten
- [ ] Astronomische Grundlagen
- [ ] Klassische Astrologie
- [ ] Psychologische Astrologie
- [ ] Esoterische Astrologie

Sehr geehrte Leserin,
sehr geehrter Leser,

mit dem Erwerb dieses Buches aus dem Chiron Verlag haben sie Interesse an unserem Programm gezeigt. Wir möchten Sie daher gerne in unsere Kartei von Interessenten aufnehmen, die bevorzugt über unsere Publikationen informiert werden.

Senden Sie einfach diese Karte an uns zurück.

Selbstverständlich gibt Ihnen auch Ihr Buchhändler gerne Auskunft über unser Programm.

Die Geschichte ihrer Beziehung

Ihre Vater-Problematik: Wenn sich Aline einen 17 Jahre älteren, kultivierten Mann ausgesucht hat, der Harmonie ausstrahlt, dann vor allem deshalb, weil sie ein disharmonisches Verhältnis zu ihrem Vater hatte. Das Sonne/Mars-Quadrat und das Saturn/Chiron-Quadrat sind deutliche Hinweise darauf. Saturn steht in Alines Horoskop neben der Sonne deshalb für den Vater und nicht etwa die Mutter, weil er über den im 1. Haus eingeschlossenen Steinbock herrscht, in dem die Sonne (der Vater) steht. Da die Sonne auch in Opposition zum Uranus in 7 steht, der seinerseits ein Quadrat zu Mars bildet, tut ihr das Trigon zu Pascals Mond sehr gut. Wie bereits oben gesagt, erfährt sie durch seine eigene Mond/Neptun-Thematik großes Verständnis für ihre Lage. Seine Venus/Merkur-Konjunktion in der Waage an ihrem absteigenden Mondknoten verschaffen ihr einerseits eine angenehme Vertrautheit, andererseits erfährt sie damit aber keine Unterstützung auf ihrem karmischen Weg zur Entwicklung ihres Kind-Ichs, angezeigt durch ihren Widder-Mond am aufsteigenden Knoten. Somit bleibt sie in der Partnerschaft immer etwas infantil, wie eine Tochter zu ihrem Vater, ohne ihr inneres Kind, auch Kind-Ich genannt, in die reife Form bringen zu müssen. Dies kann ihr nur allein gelingen. Das innere Kind ist ein wesentlicher Bestandteil des wirklich erwachsenen Menschen. Wer dieses nicht richtig entwickeln kann, bleibt in gewisser Weise immer infantil.

Die überwiegend männlichen Komponenten in Alines Horoskop und die Entstehung ihres Selbstwertgefühls

Aline hat eine große maskuline Spannung in ihrem Horoskop, wodurch ihre Weiblichkeit etwas zurücktritt. Mond und Venus sind «weicher» aspektiert als die männlichen Prinzipien Sonne und Mars. Abgemildert wird die Härte des Sonne/Mars-Quadrats nur durch ein Mars/Jupiter-Trigon. Dies bedeutet, dass sie sich mit der männlich-aktiven Seite ihres Wesens besser arrangieren kann und nur den Animus-Anteil von ihrem Mars über einen männlichen Partner auslebt. Mond und Venus bilden zusammen mit Neptun und Pluto ein Rechtschaffenheitsviereck. Darin drückt sich eine bis zur Starre gehende Stabilität aus, was in einer guten finanziellen Absicherung ihres Lebens durch die Venus im 2. Haus angezeigt wird, die als Herrscherin dieses Hauses immer das selbst verdiente Geld bevorzugt. Alines weiche und eher versteckte Weiblichkeit steht im Gegensatz zu ihrer maskulinen Spannung, wofür ein ausschließlich disharmonisch aspektierter Uranus im 7. Haus verantwortlich ist, der immer wieder für plötzliche Veränderungen im Kontaktverhalten sorgt. Dies zeigt sich darin, dass sie leicht die Beherrschung verliert, wenn etwas nicht wie geplant und ordnungsgemäß (im Sinne ihrer Steinbock-Sonne) zur Durchführung kommt. Um solche uranischen Unwägbarkeiten und das Wechselspiel zwischen Nähe und Distanz mit Pascal aushalten zu können, braucht sie ein starkes Selbstwertgefühl, das sie sich durch berufliche Zielstrebigkeit mit der Venus im Wassermann als Herrscherin vom 10. im 2. Haus schafft. Sie bekleidet ein öffentliches Lehramt, für das sie sich immer wieder weiterbildet, um in neuen Fächern unterrichten zu können.

Dieses Selbstwertgefühl wird jedoch durch nervenaufreibende Kontakte am Arbeitsplatz und durch die Fernbeziehung zu Pascal strapaziert. Schließlich lässt Uranus, der Herrscher von 2 in 7, keine gemütlichen und behäbigen Kontakte zu. Der Aszendentenherrscher Jupiter steht im Wassermann in 1, und er verstärkt diese Stellung über ein Quinkunx zu Uranus. Ein trautes Heim mit einer Familie scheidet somit aus, obwohl Aline eine gewisse Bewunderung für Frauen mit Familienglück hat und gleichzeitig weiß, dass dieses für sie unerreichbar ist. Mit dem aufsteigenden Mondknoten am Widder-Mond und mit Mars als Herrscher von 4 (Mondprinzip auf der Häuserebene) im Quadrat zur Sonne hätte sie vermutlich nicht die Geduld für mütterliche Aufgaben. Sie würde sich zumindest schwertun.

Das in ihrem Rechtschaffenheitsviereck enthaltene Mond/ Venus-Sextil ist sehr wichtig, weil sie damit einen relativ harmonischen Zugang zu ihrer Weiblichkeit findet und sie trotz des Vorherrschens so vieler maskuliner Spannungselemente zeitweise zur Ruhe kommt. Uranus in 7, der einzige Planet im weiblichen Element Wasser, ist ausschließlich dissonant aspektiert, weshalb er einen Unruhepol darstellt. Er kann aber nicht zur Zeitbombe werden wie bei Susanne, deren Uranus in 7 unaspektiert ist. Außerdem wird Alines Uranus indirekt über Merkur, den Deszendentenherrscher, geerdet, weil dieser im Steinbock steht.

Wichtig ist die Tatsache, dass Alines Uranus mit Sonne und Mars überhaupt Aspekte hat. Ein durch Quadrate und Oppositionen aspektierter Planet ist immer noch leichter zu integrieren als ein unaspektierter oder schwach aspektierter Planet. Dennoch steht Aline mit diesen Uranus-Aspektierungen zu Sonne und Mars meist unter Anspannung. Wir können annehmen, dass es ein Mann mit einer solchen maskulinen Spannung im Horoskop etwas leichter hätte. Für Alines Selbstwertgefühl ist es sehr wichtig, mit dieser Spannung durch Uranus am Deszendenten zurechtzukommen, weil er der Herrscher des 2. Hauses (Selbstwert) ist.

Für den Vergleich mit Pascal ist es bedeutsam, dass er eine dezente und feinfühlig-feminine Komponente in die Beziehung hineinbringt und damit Alines Spannung harmonisiert. Pascal ist ein stattlicher, gut aussehender Mann. Alines Neigung, sich auf einen 17 Jahre älteren Ausländer, der seine Heimat nicht aufzugeben bereit war, einzulassen, ist auf die Stellung ihres Marses im 9. Haus zurückzuführen. Die Steinbock-Sonne wäre ein Hinweis auf den älteren Mann. Der Mars als Alines Animus steht im klassischen Auslandshaus. Dieser Mars ist auch für die Geborgenheit und innere Verwurzelung ausschlaggebend, da er im

4. Haus herrscht. Dabei spielt es eine wichtige Rolle, dass Pascal harmonieliebend und zugleich reiselustig ist. Bei einer Entfernung zwischen den Wohnorten von mehr als tausend Kilometern ist diese Reiselust unbedingt notwendig. Ein Versuch von Aline, sich an Pascals französischem Wohnort anzusiedeln, wurde aus zwei Gründen abgebrochen. Erstens: Ihre berufliche Sicherheit und ihre Altersversorgung wären in Gefahr gewesen. Zweitens kam sie mit Pascals Verständnis von Sauberkeit nicht zurecht.

Pascals Sinn für Ästhetik und Sauberkeit und Alines Rückenschmerzen

Mit einem Zwillinge-Aszendenten ist Pascal vielseitig interessiert. Die Quadrate von Saturn auf Aszendent und Deszendent geben seiner Erscheinung eine gewisse Strenge, hinter der sich aber viel Lebenskunst und Lebensgenuss verbergen. Mit dem Merkur als Aszendentenherrscher in Konjunktion zu Venus in der Waage spielt sich Pascals Leben in einem konventionellen, an gesellschaftliche Normen weitgehend angepassten Rahmen ab. Feinfühligkeit kommt im vertrauten persönlichen Rahmen zum Ausdruck. Sein ästhetischer Geschmack zeigt sich in der Wohnungseinrichtung und in seiner sportlich-dezenten Art, sich zu kleiden. Seine frühere berufliche Tätigkeit als Sportlehrer trug dazu bei, dass er auch im Alter noch fit war. Auffällig ist sein Ordnungs- und Sauberkeitssinn. Pascal reagiert sehr empfindlich (Neptun) darauf, wenn es in der Wohnung schmutzig und unordentlich aussieht. Die Sonne und der Mond werden durch den genau in der Mitte zwischen ihnen stehenden Neptun in der Jungfrau miteinander verbunden, wobei Sonne und Neptun auch in Opposition zum strengen Saturn stehen. Für Aline mit ihrem großzügigen Schütze-Aszendenten ist diese kleinliche Jungfrau-Ordnung ein Problem. Sie pflegt zwar einen soliden Lebensstil, kann aber mit kleinen Schlampereien in der Wohnung durchaus leben. Ein Konflikt mit Pascal konnte nicht ausbleiben, als sie für kurze Zeit zu ihm zog. Sie hatte wegen Pascals Ordnungs- und Sauberkeitssinn nicht viel zu lachen und litt nach kurzer Zeit unter Rückenschmerzen. Seine ständigen Vorhaltungen in Bezug auf ihre etwas lässigere Haltung beim Thema Ordnung belasteten sie sehr. Den Hinweis auf Alines verschwommene Vorstellung vom Zusammenwohnen mit einem so ordentlichen Partner gibt ihre Mond/Neptun-Opposition, die mit ihrer Mondknotenachse zusammenfällt. Ihr Neptun und ihr absteigender Mondknoten bilden in ihrem 9. (Auslands-)Haus eine Konjunktion zu seiner Venus/Merkur-Konjunktion. Damit konnte sie ihn einerseits darüber hinwegtäuschen (Neptun), dass es trotz ihres nicht so strengen ästhetischen Empfindens Schwierigkeiten geben würde. Andererseits täuschte sie sich selbst darüber hinweg, dass sie mit ihrem Widder-Mond am aufsteigenden Mondknoten zu spontanen Gefühlsäußerungen darüber komme muss, wie sie ihr neues Leben im Ausland gestalten will. Mars ist ebenfalls Mondknotenherrscher und auch im 9. Haus. Daher kommen auch ihre Unmutsäußerungen über die ihrer Meinung nach zu streng reglementierte und unflexible Lebensart der Menschen in Deutschland, nachdem ihr Herz so sehr für Frankreich schlug. Nun wurde sie paradoxerweise vom eigenen französischen Partner im privaten und häuslichen Bereich ebenfalls reglementiert. Sie konnte den Entschluss, sich noch vor ihrer Pensionierung am Heimatort ihres Partners niederzulassen, rückgängig machen, indem sie ihre größere französische Wohnung vermietete und Pascal wieder in seine bisherige Wohnung einzog, die er zwischenzeitlich vermietet hatte. Danach ließen ihre Rückenschmerzen deutlich nach. Da Pascals Merkur, der seinen Aszendenten und sein Sonnenzeichen beherrscht, und seine für sein Selbstwertgefühl und seinen Sinn für Ästhetik so wichtige Venus im 5. Haus der Kreativität und des männlichen Gefühlsausdrucks stehen, war es geradezu tragisch, dass Aline diesen Charakterzug bei Pascal so unterschätzt hatte.

Alines Konflikt zwischen dem Denken und ihrem rebellischen und impulsiven Gefühlen

Nachdem sie als lehrbeauftragte Beamtin für einige Jahre beurlaubt werden konnte, waren die Rückkehr in ihre deutsche Heimatstadt und die Wiederaufnahme des Schuldienstes die einzige Lösung des Problems. Den letzten Ausschlag dafür gab auch die fehlende Möglichkeit, am französischen Wohnort eine angemessene Lehrtätigkeit zu finden. Vielleicht ist Aline durch diese Erfahrung ein Stück näher zu ihrem aufsteigenden Mondknoten am Widder-Mond gekommen, den sie sich nicht zuletzt deshalb schwer zu eigen machen kann, weil er Mitherrscher ihres Deszendenten ist (Krebs ist im 7. Haus eingeschlossen).

Sie hat zumindest erfahren, dass sich manche Dinge anders entwickeln, wenn sie auf Veränderungen in einer neuen Umgebung impulsiv (Widder-Mond) reagiert. Sie wird immer wieder von sich selbst überrascht, wenn sie mit ihrem Steinbock-Merkur merkt, dass sich nicht alle Dinge im Leben auf technische und funktionale Weise regeln lassen. Mit Saturn im Trigon zum Merkur hat sie zwar die Ausdauer, Ziele sachlich zu verfolgen und umzusetzen, einen wichtigen Teil ihres Lebens kann sie aber nur dadurch regeln, dass sie sich von den spontanen Impulsen ihres Mondes leiten lässt. Dies schafft eine Spannung zwischen ihrer Absicht, nach sachlicher Planung vorzugehen, und ihren impulsiven Reaktionen, wenn sich manches anders entwickelt als geplant. Dieser innere Konflikt macht sie zuweilen wütend und trotzig. Wenn die Wut keine Projektionsfläche durch andere Menschen findet, kann sie, gegen sich selbst gerichtet, zu Depressionen führen. Aus diesem Grund hatte sie sich auch einmal einer Psychotherapie unterzogen. Astrologischen oder «esoterischen» Methoden misstraute sie mit ihrem zur wissenschaftlichen Konvention neigenden Steinbock-Kontaktverhalten. Merkur, der Herrscher ihres Zwillinge-Deszendenten, steht im Steinbock. Dessen saturnische Prägung wird durch ein Trigon zum Saturn noch verstärkt. Zur Astrologie als einer offiziell (vom Hochschul-Establishment) nicht anerkannten Wissenschaft hat sie kein Vertrauen. Sie misstraut auch einer Beeinflussung über ihr Unbewusstes, die ihr Saturn als Wächter an der Schranke vom konventionellen zum unkonventionellen Denken nicht zulässt. Mit Saturn im fixen 8. Haus verbietet sie sich Ausbruchsversuche aus Prinzip, obwohl der rebellische Widder-Mond im Quinkunx zu Saturn unterschwellig an dieser Schranke sägt und immer so lange sabotiert, bis er gelegentlich in einem emotionalen Ansturm zum Durchbruch kommt. Dieser Widder-Mond hat Sprengstoff im Rucksack, da er über Uranus im 7. Haus herrscht und damit in die karmische Lernaufgabe eingebunden ist, die der aufsteigende Mondknoten (in Konjunktion mit dem Mond) aufzeigt. Das konventionelle (Saturn) und der wissenschaftlichen Lehrmeinung (Saturn) angepasste Denken (Merkur) half Aline bei der Durchsetzung (Merkur im 1. Haus) ihrer ehrgeizigen (Saturn) Berufsziele im Alltag (6. Haus Zwillinge) des Schuldienstes und der öffentlichen Kontakte (10. Haus Waage). Es sicherte ihr auch mit Venus als Herrscherin vom 10. im 2. Haus ein gutes Einkommen. Dieses benötigte sie für ihre aufwändige Wohnsituation (Venus/Mond-Sextil) an zwei Orten.

Große Belastungen, die das an die Konvention angepasste Denken in wertkonservativen Maßstäben im Gegensatz zu unterschwelligen spontanen Reaktionen mit sich bringt, bekommt sie über den Knochenbau zu spüren. Aline hatte schon mehrere Knochenbrüche im Laufe ihres Lebens, worauf auch der im T-Quadrat zu Sonne und Uranus stehende Mars hinweist. Der wichtige, aber eher unbewusst wirkende rebellische Gefühlsanteil ihres Wesens versucht in kritischen Situationen immer wieder, etwas von der Starre zu durchbrechen, die das wertkonservative Denken mit sich bringt. Ein solches somatisches Erscheinungsbild finden wir bei Männern häufiger als bei Frauen, und es dürfte manchen Männern eine gewisse Genugtuung verschaffen, zu erfahren, dass es auch Frauen gibt, die ihre unterschwellig gefühlsbetonte, unlogische und rebellische Komponente so schwer zum Ausdruck bringen.

Alines versagt gebliebener Kinderwunsch und Pascals schwieriger Jupiter

Mit der Wahl eines so viel älteren Mannes bestand keine Aussicht auf eigenen Nachwuchs. Manche etwas maskulinen Frauen kommen durch die Geburt eines eigenen Kindes an ihre eigene mütterliche Seite besser heran, und Aline hätte bei ihrer Berufswahl nach einigen Jahren Erziehungsurlaub ohne Probleme den Schuldienst wieder aufnehmen können.

Ob nun Aline die Tatsache, ohne Nachkommenschaft zu sein, letztlich immer bedauern wird oder nicht, so steht jedenfalls fest, dass sie von Pascal unter keinen Umständen ein Kind zu erwarten gehabt hätte. Er hat aus einer geschiedenen Ehe mit einer Französin selbst inzwischen erwachsene Kinder und wollte nicht mit einer anderen Frau noch einmal von vorne anfangen.

Man kann sich bei Pascals stark besetzten 5. Haus mit dem Mond an dessen Spitze gut vorstellen, wie wichtig für ihn eine eigene Familie war und wie sehr er sich bemühte, die Verantwortung im engeren privaten Umkreis zu übernehmen. Der Herrscher von 4 (die Sonne) ist auch in 5. Das heißt, das 4. Haus als familiäres Betätigungsfeld kommt im 5. Haus der eigenen Kreationen und Vaterschaft in hohem Maß zur Auswirkung. Mit den vielen Spannungsaspekten zu Saturn im 9. Haus nahe am MC musste sich Pascal in der Verwirklichung mancher Ziele gebremst gefühlt haben. Ein bis auf das Sextil zu Merkur hart aspektierter Jupiter (Quadrate zu Sonne, Neptun, Mond und Saturn) überforderte ihn bei seinen optimistisch begonnenen Beziehungen so sehr, dass er mit zunehmendem Alter immer zurückhaltender wurde. Für Pascal war es mit einem unaspektierten Mars im 4. Haus und der Neptun-Konjunktionen zu Sonne und Mond im 5. Haus schlimm, dass seine eigene Familie zerbrach. Die mit Neptun verbundene Illusion, die Enttäuschung und die Ernüchterung (Saturn-Oppositionen!) haben Pascal vorsichtig und empfindlich werden lassen, was hinter seiner äußerlichen Strenge nicht immer zum Vorschein gekommen ist. Man kann ihm gewiss nicht nachsagen, dass er im pädagogischen Bereich, sowohl beruflich als auch privat, etwas versäumt hätte oder dass er seine Jungfrau-Anlagen im 5. Haus nicht gelebt hätte, zumal ihm seine Partnerschaft mit der so viel jüngeren Aline auch wieder pädagogisches Geschick abverlangt.

Pascals Jupiter in 7 und als Herrscher von 7 (weil er im Schützen steht) ist allerdings keine gute Voraussetzung für ein harmonisches Eheleben. Mit einer solchen Jupiter-Stellung meint sogar ein pragmatischer Jungfrau-Typ, dass es schon gutgehen werde, wenn es so gut angefangen hat. Bei Pascal kommt noch hinzu, dass er seinen Jupiter weitgehend als Schatten erlebt. Jupiter im Schützen als Gegenspieler zu seinen Merkur-Betonungen (Aszendent Zwillinge und Jungfrau-Sonne) ist schwer als Teil seiner Persönlichkeit zu begreifen, zumal alles, was im 7. Haus steht, grundsätzlich leicht auf andere projiziert wird. So können wir sagen, dass Aline einen großen Teil von Pascals Jupiter/Schütze-Anlage als seine Anima übernimmt. Damit ist seinem kritisch gestellten Jupiter zumindest zum Teil geholfen. Einige unerfüllt gebliebene Erwartungen und die Tatsache, dass mit seinen Kindern nicht alles glatt gegangen ist, dürften aber immer als schmerzlich empfunden werden und seine inzwischen altersbedingte Resignation verstärken. Einer seiner beiden Söhne ist homosexuell, womit sich Pascal aus seiner wertkonservativen Einstellung heraus nur schwer abfinden kann.

Erfahrungen mit Klienten in der Partnerberatung: Wozu kann der Astrologe raten?

Viele Optimisten gehen immer wieder neue Beziehungen ein, ohne am Grundmuster ihres Scheiterns etwas ändern zu können. Sie leiden zwar für eine gewisse Zeit unter ihren Trennungen, stürzen sich aber schnell wieder in ein neues Abenteuer, weil sie unter dem Alleinsein noch mehr leiden. Sie treten die Flucht nach vorn an. Dies vor allem deshalb, weil sie nie länger als einige Monate in ihrem Leben allein waren. Die anderen haben resigniert und sich ans überwiegende Alleinsein gewöhnt nach dem Motto: «Der Zug ist schon abgefahren» oder: «Ich bin ein Gruppenmensch» oder: «Ich bin polygam und muss andere deshalb immer wieder verletzen». Wieder andere haben die anfänglich neue Freiheit des Alleinseins zum Dauerzustand gemacht und fühlen sich relativ wohl, weil sie eine Lebensaufgabe haben, die sie voll ausfüllt. Da der Mensch mit einem Geschlechtstrieb und normalerweise auch mit dem Bedürfnis nach Gefühls- und Gedankenaustausch mit einem Intimpartner ausgestattet ist, kommen wir aber um die Frage nicht herum, warum die einen einen passenden Partner zumindest für einige Zeit zu finden scheinen und die anderen gar nicht oder nur selten. Die Astrologie kann einem unglücklichen Menschen, der innerhalb oder außerhalb einer festen Beziehung steht, zwar keinen passende(re)n Partner herbeizaubern, aber sie kann im Geburtshoroskop eines Mannes das verborgene Bild der Frau (Anima) ausfindig machen, und sie kann im Geburtshoroskop einer Frau das verborgene Bild des Mannes (Animus) ausfindig und die zugrundeliegenden Frauen- und Männerbilder bewusst machen. Es reicht natürlich nicht aus zu sagen: «Meine weiblichen Anteile ...» (Venus, Mond und Deszendentenherrscher beim Mann) und: «Meine männlichen Anteile ...» (Mars, Sonne und Deszendentenherrscher bei der Frau) «... stehen dissonant zueinander und sind zusätzlich gespannt aspektiert von Uranus, Neptun oder Pluto», um damit die Unfähigkeit zur Partnerschaft oder zur notorischen Untreue zu rechtfertigen.

Eine der größten Gefahren für Menschen, die schon Grundkenntnisse in psychologischer Astrologie haben, besteht darin, ihr Verhalten mit solchen Betonungen oder Konstellationen in ihrem Horoskop zu rechtfertigen oder zu entschuldigen. Finden sie einen Astrologen, der ihnen bestätigt, dass diese Betonungen schuld daran sind, mag dies zwar ein einträgliches Geschäft für den Astrologen sein. Wenn wir aber der Frage nachgehen, was dem Klienten wirklich weiterhilft, so ist er langfristig besser bedient, wenn ihm der Astrologe begreiflich zu machen versucht, dass die angeblich schlimmen Konstellationen auch wunderbare Entwicklungsmöglichkeiten bieten, während die angeblich guten Konstellationen mit Trigonen und Sextilen die große Gefahr in sich bergen, vortreffliche Anlagen und Talente ungenutzt zu lassen.

So mancher Klient mit guten astrologischen Grundkenntnissen ist durchaus beeindruckt, wenn ihm der Astrologe erzählt, wie viele Menschen er beraten hat, die sich im Laufe ihres Lebens in eine unglückliche oder gar ausweglos erscheinende Lage gebracht haben, die sich nicht so sehr durch Quadrate und Oppositionen in ihrem Horoskop gezeigt hat, sondern vor allem durch Trigone und Sextile. Es ist sogar so, dass auffällig viele Klienten in die Beratung kommen, deren Horoskop überwiegend harmonische Aspekte aufweist. Es stellt sich dann oft heraus, dass sich bei diesen Menschen nicht zuletzt auch in der Partnerschaft nach Jahren des Gleichklangs so viel totgelaufen hat, dass man es irgendwann nicht mehr miteinander ausgehalten hat. Dann hätte man sich in einer Krise befunden, wie man später zu erkennen gibt. Der Impuls, etwas zu verändern, sei aber so spät oder nie gekommen, dass die besten Gelegenheiten schon verstrichen waren, weil man glaubte, dass es schon irgendwie von selbst wieder besser werden würde. Dazu kommen oft die Macht der Gewohnheit und die Abhängigkeit von gemeinsamem Besitz oder die gute Steuerklasse. Tatsächlich glauben Horoskopeigner mit vielen Trigonen und allen möglichen Jupiter-Aspekten zu persönlichen Planeten, dass sie immer auf der Seite des Glücks stehen müssten. Wenn sich aber einmal etwas entgegen aller Erwartungen immer mehr zum Schlechten wendet, können sie die Welt nicht mehr verstehen.

Wenn wir auf die Frage zurückkommen, was uns denn mehr anzieht, Gleiches oder Gegensätzliches, so erleben wir einerseits häufig den Tod von Partnerschaften, in denen hauptsächlich Gemeinsamkeiten die Partner verbinden, die wir als Verstärkung durch Gleiches bezeichnen – die Möglichkeit der Projektion mit eingeschlossen. Wenn wir dann andererseits die Horoskope daraufhin untersuchen, ob die Betreffenden ein starkes Bedürfnis nach Gleichklang haben, mag für sie die Verstärkung durch Gemeinsames das häufigere Erkennungsmerkmal ihrer Beziehungen sein. Irgendwann erschöpft sich aber alles, was sie miteinander verbindet, und es werden neue Impulse benötigt, die einen frischen Wind in die Beziehung bringen. Deshalb brauchen solche Paare auch ein paar polare Betonungen, die sie füreinander wieder interessant machen. Jene, die viele herausfordernde Aspekte in ihrem Horoskop haben, sind natürlich grundsätzlich mehr auf solche Anreize angewiesen, die sich über Gegensätzliches und Spannung ergeben.

Es dreht sich also darum, dass der Astrologe das für den Klienten geeignete Verhaltensmuster herausfindet und mithilfe der beiden Horoskope den Partnern sagen kann, ob sich ihre darin angelegten Verhaltensmuster miteinander vertragen. Konkret heißt das, dass Menschen, deren Horoskop viel eigene Spannung durch «harte» Aspektierungen oder eine Feuerbetonung enthält, auch viel Spannung durch Gegensätzliches vertragen.

Für andere, die nicht so viel Spannung aushalten, heißt das jedoch, dass sie gute Aussichten auf eine längere Partnerschaft mit jemandem haben, mit dem sie viel Gemeinsames verbindet. Unter Letzteren gibt es auffällig viele Partnerschaften, die nicht zuletzt deshalb sehr lange bestehen, weil der eine eine Anlage, die sie als Gemeinsamkeit im Sinne einer Verstärkung in beiden Horoskopen haben, für den anderen auslebt. Und diese geht gewöhnlich weit über die natürliche Anima/Animus-Übertragung hinaus. Es will gar nicht jeder Mensch alle wichtigen Anlagen selbst leben oder aus der «Verzauberung» erwecken, obwohl dies von vielen Psychologen und Astrologen heute als der einzig richtige Lebensweg hingestellt wird. Erfahrungsgemäß wird nur wenig von dem, was heute als die «richtige» Lösung im Sinne einer «Verwirklichung» als Selbstausdruck aller wichtiger Anlagen gepriesen wird, praktisch angewendet. Wenn also eine Partnerschaft, in der es keine großen äußeren Veränderungen mehr gibt, bisher überwiegend glücklich verlaufen ist, einer von beiden aber wegen eines Problems zum Astrologen kommt, wäre es zum Beispiel unsinnig, diesem Klienten zu erklären, dass die Partnerschaft wegen zu großer gegenseitiger Projektionen keine Zukunft hätte. Und nicht immer ist es ratsam, jemandem zu sagen, dass sein Partner aufgrund der zu geringen Dynamik, die sich über ergänzende Gegensätze ergibt, der Falsche sei. Angebracht wäre es hingegen, herauszufinden, wo sich die Partner in einem bestimmten Punkt festgefahren haben und wie eine an sich undramatische Partnerschaft wieder so viel frischen Wind bekommen könnte, dass sie fortgesetzt und weiterentwickelt werden kann – vorausgesetzt, die Horoskope beider weisen viele Trigone oder eine Stier-Betonung auf oder die Partner haben ihren Aszendenten im Steinbock oder im Krebs. Dann sind sie auch meist bereit, eine Beziehung unter erschwerten Bedingungen wieder aufzunehmen.

In manchen Fällen hat sich eine solche Beziehung aber so sehr totgelaufen, dass sie wirklich am Ende ist. Einer der beiden geht dann oft nach der Trennung entweder sehr lange oder nie mehr eine neue Partnerschaft ein, die lange hält. Das sind dann die Resignierten, und man findet sie nicht immer nur unter den älteren Jahrgängen. Der andere Partner, der meist zur Projektionsfläche für zu viele unerlöste Anlagen seines früheren Partners wurde, fühlt sich in der Regel nach der Trennung befreit und kommt mit seiner Lebenssituation relativ gut zurecht, ganz gleich, ob allein oder mit einem neuen Partner.

Eine andere Gruppe bilden die Unzufriedenen, die sich aber nicht trennen wollen. Sie suchen sich verständnisvolle Ansprechpartner und zuweilen auch Astrologen, um über all das Übel sprechen zu können, das in ihrer unglücklichen Partnerschaft angeblich liegt. Äußert man sich aber einmal kritisch über die Partnerschaft oder den Partner oder schlägt der Berater vor, dass es vielleicht besser wäre, sich von diesem Menschen zu trennen, erntet man Entrüstung und Ablehnung. Wird ein Astrologe oder ein sonstiger neutraler Zuhörer dazu gebraucht, damit dieser sich bei ihm über seine festgefahrene Situation über Jahre hinweg immer wieder «Luft machen» kann, erweist der Zuhörer diesem Menschen keinen guten Dienst. Es wäre dann an der Zeit, die Konsequenzen zu ziehen und einen Schlussstrich unter die Beratungstätigkeit für diesen Menschen zu ziehen. Zumindest für eine Weile sollte man eine Pause einlegen. Es könnte am Ende sonst noch sein, dass der Astrologe die Schuld daran tragen soll, dass sich am Zustand der Partnerschaft des Klienten nichts mehr bessert.

Wenn jemand trotz eines großen Kontaktangebots resigniert hat oder keinen Weg aus einer bestehenden Partnerschaft sieht, dann hat es natürlich keinen Zweck, ihm eine Prognose für den Zeitpunkt einer Bekanntschaft zu erstellen, die eine neue Partnerschaft in Aussicht stellen könnte. Wer in seiner Lebenslage festgefahren ist oder mit dem Thema Partnerschaft unbewusst abgeschlossen und somit resigniert hat, wird auch nicht bei den vielversprechendsten Jupiter-Transiten jemand kennen lernen, der ihm voll entspricht, und er wird, sollte er sich noch in einer äußerlich aufrechterhaltenen Partnerschaft befinden, in seiner festgefahrenen Situation keine Besserung erleben. Das ewige Warten auf günstige Transite, Auslösungen oder Progressionen hat dann keinen Sinn. Beteuert der Klient über Jahre hinweg seinem Astrologen, dass er so sehr darunter leide, keinen neuen und passenderen Partner mehr zu finden, und will er immer noch zu seiner Rechtfertigung dafür, dass nichts Besseres nachkommt, hören, dass die Sterne immer so schlecht für ihn stehen, dann ist es an der Zeit, sich von diesem Klienten zu trennen.

Dies und Ähnliches trägt dazu bei, dass es für viele nicht immer ein Traumjob ist, Astrologe zu sein, auch nicht für jene, die es nebenberuflich machen. Ist der innere Drang vorhanden, andere Menschen in größere Zusammenhänge des Schicksals einzuführen und psychologische Hintergründe aufzudecken, kann diese Tätigkeit jedoch aller Mühen zum Trotz zu einer sinnvollen Lebensaufgabe werden. Die Frage, ob man sich für eine Beratertätigkeit eignet oder nicht, hängt vor allem davon ab, wie man mit Menschen umgehen kann und ob man es auch hin und wieder fertig bringt, sich zu weigern, jemanden zu beraten. Dazu muss man in erster Linie ein guter Psychologe und Menschenkenner sein. Auf Dauer ist diese Tätigkeit dann am befriedigendsten, wenn viele der Klienten dem Astrologen eine positive Bestätigung geben. Diese drückt sich am meisten dadurch aus, dass er weiterempfohlen wird. Es gibt keine größere Freude und Genugtuung für den Astrologen, wenn er das Gefühl hat, seine Fähigkeiten sinnvoll einsetzen zu können und anderen ein Stück weiterzuhelfen, indem er ihnen Möglichkeiten bewusst macht, die sie von sich aus nicht immer erkennen würden.

Über den Autor

Arnfried Haupt (1950) erlernte den Beruf des Grafik-Designers und studierte anschließend Völkerkunde. Seit 1990 erteilt er Unterricht in Astrologie und gibt Beratungen. Er schreibt regelmäßig Artikel in Fachzeitschriften zu verschiedenen astrologischen Themen.

Anschrift:
Arnfried Haupt
Höhenbergstr. 26
82340 Feldafing
Tel.: 08157-609100
www.arnfried-haupt.com

Anmerkungen

1 Manche Astrologie-Schulen arbeiten nach einem System, bei dem Saturn nicht vorwiegend als weiblich und Jupiter nicht vorwiegend als männlich deklariert wird. Wie in anderen wissenschaftlichen Bereichen wird auch in der Astrologie experimentiert. Die eindeutige geschlechtsspezifische Zuordnung dieser beiden Planeten lässt sich aber aus folgenden Gründen rechtfertigen: Das männliche Prinzip bedeutet immer Ausdehnung und ist den Elementen Feuer und Luft zugeordnet. Das weibliche Prinzip bedeutet immer Zusammenziehung und ist den Elementen Erde und Wasser zugeordnet. Jupiter ist Herrscher des Zeichens Schütze und erweitert und vergrößert alles, was er in unserem Horoskop berührt, unter Umständen bis hin zu unerträglicher Maßlosigkeit. Saturn ist Herrscher des weiblichen Zeichens Steinbock und verdichtet alles und zieht alles zusammen, was er in unserem Horoskop berührt. Dadurch schafft er eine Strenge, die uns mitunter frustriert. Weiblichkeit hat viele Gesichter. Der Mond und das Zeichen Krebs zeigen uns die «weichen» Seiten der Weiblichkeit. Vielleicht ist es ein kulturbedingtes Vorurteil, dass Männlichkeit ausschließlich mit Härte und Weiblichkeit ausschließlich mit Weichheit gleichgesetzt wird. Vielleicht kommen wir mit der geschlechtsspezifischen Zuordnung von «hart» und «weich» besser zurecht, wenn wir bedenken, dass äußerlich weiche Frauen meist einen harten Kern haben und äußerlich harte Männer meist einen weichen Kern. Saturn ist immer der harte Kern, und der Mond ist immer der weiche Kern.

2 Uranus ist Hauptherrscher des männlichen Zeichens Wassermann und hat nur eine weibliche Komponente als Nebenherr-

scher des Zeichens Steinbock. Wenn bei Uranus manchmal von der «Aufhebung der Polarität» (nach Wolfgang Döbereiner) gesprochen wird, so kann diese meiner Ansicht nach nur als eine Entspannung zwischen Gegensätzen aufgefasst werden, so wie sie beim Blitzschlag entsteht, der positiv und negativ geladene elektrische Teilchen in einer Luftschicht zum Ausgleich bringt. Ich verwende die Bezeichnung «Aufhebung» nicht, da sie zu der irrtümlichen Auffassung führen könnte, Uranus würde uns aus der dreidimensionalen Welt befreien, in der das Gesetz der Polarität herrscht. Unser ganzes Sonnensystem untersteht aber diesem Gesetz, und dazu gehören auch sowohl der astronomische als auch der astrologische Uranus.

3 Diese Umkehr-Methode wird beschrieben bei: Hermann Meyer: *Partnerschaft, Gesundheit und Glück in der Psychologischen Astrologie*, München, 1982.

4 Der Himmelskörper wurde am 21. Oktober 2003 entdeckt und zunächst mit 2003 UB 313 bezeichnet. Die Entdecker gaben dem Objekt zunächst den inoffiziellen Namen Xena. Die IAU vergab schließlich den Namen Eris, in der griechischen Mythologie die Göttin des Streits.

5 Bernd A. Mertz: *Venus und Merkur als Abend- oder Morgenstern im Horoskop*, Mössingen 1997.

6 In den Jahren 1952 und 1953 hatten wir eine Saturn/Neptun-Konjunktion. Alle in dieser Zeit Geborenen trugen ihren Teil zur Sozialpädagogik bei, die ihren größten Aufschwung erlebte, als diese Jahrgänge an den Hochschulen studierten.

7 Der Münchner Astrologe Hermann Meyer hat diese drei Entwicklungsstufen einer Anlage im Horoskop erstmals für den allgemeinen Sprachgebrauch geläufig gemacht. Es sind dies: erstens die Hemmung, zweitens die Kompensation und drittens die reife oder erwachsene Form.

8 Die Kompensation ist die logische Weiterentwicklung aus der Hemmung heraus, wobei nicht jede Anlage anfangs in der Hemmung gelebt werden muss. Hat man genug kompensiert, gelangt man unter günstigen Voraussetzungen schließlich zur reifen Form.

Standardwerke der Astrologie

LIZ GREENE

Dreiecksbeziehungen

Astrologie in Beziehungskonflikten
174 Seiten, 7 Abb., Broschur

ISBN 3-925100-65-2

Dieses Buch zeigt Ihnen, wie Sie aus dem Horoskop lernen können, eine Dreiecksbeziehung als aufrichtige Prüfung zu nutzen.
Meistens versuchen wir Dreiecksbeziehungen aus dem Weg zu gehen, denn sie konfrontieren uns mit schmerzhaften Emotionen. Geraten wir in ein Beziehungsdreieck – sei es als Betrüger, als Betrogener oder als Objekt des Betrugs – so hat dies häufig einen tieferen Sinn. Neben den sexuellen Dreiecksbeziehungen unter Erwachsenen, gibt es weitere mögliche Verhältnisse. Das Familien-Dreieck steht meist am Anfang und hat oft lange Nachwirkungen. Es gibt aber auch Dreiecksbeziehungen zwischen Freunden oder einem nicht menschlichen Faktor so z.B. die Hingabe des Anderen an die Arbeit oder an spirituelle Bestrebungen. Häufig gibt es auch Schutz- oder Macht-Dreiecke oder Dreiecksbeziehungen als Mittel zur Erlangung des Unerreichbaren.
Ausgehend von diesen universellen Erwägungen betritt Liz Greene ein neues Gebiet. Sie ergründet, ob es bestimmte Faktoren im Horoskop gibt, die auf eine Dreiecks-Tendenz schließen lassen. Ebenso geht sie der Frage nach, warum manche Menschen eher als andere in derartige Verhältnisse verwickelt werden und was sie dazu antreibt. Neben diesen lebenspraktischen Themen zeigt sie, welche Herangehensweise Ihnen einen kreativen Umgang mit Dreiecksbeziehungen ermöglicht und welche Hilfestellungen Sie dazu aus dem Horoskop erhalten.

CHIRON VERLAG

Standardwerke der Astrologie

LIZ GREENE

Das Composit

Im Horoskop das Wesen
von Beziehungen erkennen
176 Seiten, 4 Abb., Broschur

ISBN 3-925100- 75-X

Wenn wir ein Composit-Horoskop betrachten, stellen wir uns nicht die Frage, was die Partner gegenseitig füreinander empfinden. Wir interpretieren das Energiefeld, das sie zwischen sich erschaffen – die Identität der Beziehung. Wir haben bestimmte Verhaltensmuster, wenn wir allein sind. Zusammen mit unserem Partner entsteht sofort eine dynamische Energie, die unser Verhalten beeinflusst. Dies lässt sich am Composit sehr leicht ablesen, welches aus den Einzelhoroskopen der Partner erstellt wird.

Das Besondere an diesem Buch ist der praktische Ansatz. Nicht die Beschreibung der möglichen Konstellationen und Planetenverbindungen steht im Vordergrund. Liz Greene zeigt vielmehr, wie man mit dem Composit gewinnbringend umgeht und welche Möglichkeiten es dem Leser eröffnet. Es wird deutlich, welche Schicksalsmuster in einer Beziehung stecken. Vor allem wird aber gezeigt, wie man aus dem Composit die zukünftige Entwicklung einer Beziehung voraussehen kann. Besonders die Betrachtung des progressiven Composit-Horoskops zeigt an, wann etwas im Muster der Entfaltung der Beziehung reif geworden ist und nach einem Ausdruck im Leben verlangt.

Wer bereits Erfahrungen mit dem Composit sammeln konnte, der wird in diesem Buch viele Anregungen finden, um sein Wissen zu erweitern und praktisch mit dem Composit zu arbeiten. *Meridian*

CHIRON VERLAG

Standardwerke der Astrologie

LIANELLA LIVALDI LAUN

Chiron in der Partnerschaftsastrologie

Die Versöhnung der Gegensätze
106 Seiten, Hardcover, 25 Abb.
ISBN 978-3-89997-125-5

Gegensätze ziehen sich an, besagt eine Redensart. Aber warum ist dem so? Der Kentaur Chiron – halb Mensch, halb Pferd – trägt diesen unversöhnlichen Gegensatz in sich. So verwundert es nicht, dass er gerade bei ungleichen Partnerschaften immer wieder an prominenter Stelle im Horoskop zu finden ist. Aber Chiron ist auch der Heiler und die Autorin zeigt Ihnen, wie dieser immer wieder bei heilenden und heilsamen Beziehungen eine wichtige Rolle spielt.

Lianella Livaldi Laun zeigt die verschiedenen Formen von Verletzungen in Verbindung mit der Chiron-Thematik sowohl an Konstellationen ihrer eigenen Klienten und Schüler als auch bei Romanfiguren. Dabei bleiben weder die Transite Chirons und ihre Auswirkungen unerwähnt noch die Chiron-Position im Composit. … Dieses Buch ist für Einsteiger genauso empfehlenswert wie für fortgeschrittene Astrologen, zumal es sehr lebendig und praxisnah geschrieben ist.
Sternzeit 26/2006

CHIRON VERLAG

Standardwerke der Astrologie

ERNST OTT

Der Deszendent

Das Tor zur Partnerschaft im Horoskop
Broschur, 265 Seiten, 38 Abbildungen

ISBN 3-925100-43-1

Der Deszendent entspricht dem Westhorizont, an dem die Sonne untergeht. Gibt es ein schöneres Bild für die Liebe als einen romantischen Sonnenuntergang? Während der Aszendent unser Selbstbild darlegt, ist der Deszendent das Symbol für unser Partnerbild. Mit der Himmelsrichtung Westen ist aber auch die Faszination der Macht verknüpft, denn der Ort der untergehenden Sonne weckt die Lust zu erobern. Zudem stehen wir am Deszendenten am Scheideweg, denn es stellt sich die Frage, ob und wieweit wir uns auf den Partner einlassen wollen. Bei einer genauen Kenntnis des Deszendenten erfahren wir alles über die innere Bereitschaft zur Liebe.

- Warum fühlen wir uns zu einem bestimmten Menschen hingezogen?
- Was wollen wir in der Liebe erobern?
- Welche Machtspiele treten in der Beziehung auf?
- Was bedeutet es sich zu binden?
- An welche Grenzen geraten wir in einer Beziehung?

Der Leser erhält ausgiebige Beschreibungen des Deszendenten in den Tierkreiszeichen, jeweils mit dem dazugehörigen Selbstbild und Partnerbild. Anhand vieler Beispiele wird gezeigt, wie sie die Themen des Deszendenten entwickeln können. Wenn Sie besser verstehen wollen, was Ihnen begegnet und wenn Sie mit mehr Zufriedenheit lieben wollen, so können Sie von Deszendenten Ihres Horoskops viel Wichtiges dazu erfahren.

CHIRON VERLAG

Standardwerke der Astrologie

PAOLO CRIMALDI

Karmische Liebe

Partnerschaftsastrologie aus karmischer Sicht
160 Seiten, Broschur, 8 Abbildungen
ISBN 978-3-925100-78-9

Von einem bestimmten Blickwinkel aus sind alle wichtigen Begegnungen karmisch, auch wenn Sie nicht notwendig ihre Wurzeln in früheren Leben haben. Der Autor erläutert zunächst ganz lebensnah die Merkmale, an denen man karmische Beziehungen (wieder-) erkennt. Der Autor gibt Ihnen das astrologische Rüstzeug, um einen karmisch bedingten Kontakt deuten zu können. Die Berechnung und Deutung von Ehepunkt und Vertex sind wichtige Elemente, ebenso die Mondknoten und Saturn. Crimaldi erläutert auch die Herausforderungen einer karmischen Bindung. Eine wichtige Rolle spielt der Partnerschaftsvergleich, das Composit und das Horoskop der ersten Begegnung – jeweils durch die karmische Brille betrachtet. Schließlich erfahren Sie, wie sich die Partner in der Beziehung weiterentwickeln können. Die praktische Orientierung und der übersichtliche Aufbau machen das Buch zu einem wichtigen Beitrag der Karmaastrologie.

Das Schicksal hält diese große Begegnung für uns bereit. Mit Hilfe dieser Lektüre sind wir in der Lage, dieses große Geschenk als solches zu erkennen, ebenso auch die Chance zu erblicken, die in dieser Liebe liegt, um sie einmal Wirklichkeit werden zu lassen.

Astrologie Heute Nr. 105

CHIRON VERLAG